"中国劳模"系列丛书

和谐乡村的筑梦人

王清华

霍彦珊 ◎ 著

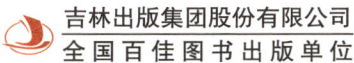
吉林出版集团股份有限公司
全国百佳图书出版单位

图书在版编目（CIP）数据

和谐乡村的筑梦人：王清华 / 霍彦珊著. -- 长春：
吉林出版集团股份有限公司, 2025.6. -- ("中国劳模
"系列丛书 / 徐强主编). -- ISBN 978-7-5731-6138-3

Ⅰ. D263

中国国家版本馆CIP数据核字第2025RZ2956号

HEXIE XIANGCUN DE ZHU MENG REN: WANG QINGHUA

和谐乡村的筑梦人：王清华

出 版 人　于　强
主　　编　徐　强
著　　者　霍彦珊
组稿统筹　东北师范大学文学院创意写作研究中心
责任编辑　王丽媛
助理编辑　张碧芮
装帧设计　张红霞

出　　版　吉林出版集团股份有限公司
发　　行　吉林出版集团社科图书有限公司
地　　址　吉林省长春市南关区福祉大路5788号　邮编：130118
印　　刷　唐山富达印务有限公司
电　　话　0431-81629711（总编办）
抖 音 号　吉林出版集团社科图书有限公司　37009026326

开　　本　710 mm×1000 mm　1 / 16
印　　张　9
字　　数　100 千字
版　　次　2025 年 6 月第 1 版
印　　次　2025 年 6 月第 1 次印刷

书　　号　ISBN 978-7-5731-6138-3
定　　价　55.00 元

如有印装质量问题，请与市场营销中心联系调换。0431-81629729

序　言

　　劳动创造财富，劳动创造幸福，劳动创造未来。习近平总书记在2020年全国劳动模范和先进工作者表彰大会上的讲话中指出："全社会要崇尚劳动、见贤思齐，加大对劳动模范和先进工作者的宣传力度，讲好劳模故事、讲好劳动故事、讲好工匠故事，弘扬劳动最光荣、劳动最崇高、劳动最伟大、劳动最美丽的社会风尚。"当今世界，综合国力的竞争归根到底是科技人才和高素质劳动者的竞争。改革开放以来，我们强大的工人队伍用辛勤的劳动和拼搏奉献的精神推动中国制造、中国智造、中国创造走向世界的前列，新时代的中国面貌日新月异。大力弘扬劳模精神、劳动精神、工匠精神，加强高素质技能人才队伍建设，打造一支宏大的知识型、技能型、创新型劳动者队伍，是伟大时代赋予我们的历史责任。

　　劳动模范是民族的精英、人民的楷模，是共和国的功臣。自改革开放以来，广大职工勇立改革潮头，独立自主，奋发图强，勇于创新，其中涌现出一批批全国劳模和大国工匠。他们参与建设了代表中国高度、中国速度、中国深度的一系列重大工程，提升了国家实力，打造了"中国名片"，树立了"中国品牌"，增添了"中国力量"，充分释放出工人阶级的创新活力，展示出大国工匠的强大创造力。他们以工人阶级的满腔热忱在各自平凡的工作岗位上取得了辉煌的成绩，书写了新时代的壮丽篇章。

爱岗敬业、争创一流、艰苦奋斗、勇于创新、淡泊名利、甘于奉献的劳模精神，崇尚劳动、热爱劳动、辛勤劳动、诚实劳动的劳动精神和执着专注、精益求精、一丝不苟、追求卓越的工匠精神，是广大劳动群众在社会生产实践中锤炼形成的弥足珍贵的精神财富，是工人阶级伟大品格的具体体现，是民族精神和时代精神的生动诠释。民族复兴需要劳动模范，祖国强盛需要大国工匠，中国制造、中国智造、中国创造更需要大国工匠的强有力支撑。劳模、工匠等的成长故事、先进事迹中承载的劳模精神、劳动精神和工匠精神，是激励全国各族人民团结奋斗、勇往直前的强大精神力量。

"中国劳模"系列丛书，采用图文结合的方式，讲述全国劳模、大国工匠和先进工作者们的成长经历及他们追梦、筑梦、圆梦的故事，用他们在平凡岗位上创造不平凡业绩的真实故事感染读者，推动形成劳动最光荣、劳动最崇高、劳动最伟大、劳动最美丽的社会风尚，引导广大技术工人和青少年形成劳动光荣、技能宝贵、创造伟大的观念。

"匠心筑梦，强国有我。"新时代是一个万象更新、生机勃勃的时代，也是一个继往开来、创新创业和建功立业的大时代。希望广大读者能以劳动模范为榜样，以大国工匠为楷模，立志技能报国、技术强国，踔厉奋发，勇毅前行，锤炼思想品格，汲取劳动智慧，勇于担当、勤于钻研、甘于奉献，为推进新型工业化和乡村振兴，为加快建设制造强国、质量强国、航天强国、交通强国、网络强国、数字中国、农业强国，全面建设社会主义现代化国家贡献青春力量。

高凤林

中华全国总工会副主席（兼）

中国航天科技集团有限公司第一研究院

211厂14车间高凤林班组组长

2022年11月

扫码解锁

◉群英颂歌◉致富为民
◉振兴乡村◉奋斗底色

传主简介

　　王清华，1958年生于贵州省黔东南州黄平县灯笼坡生产大队（1985年改为灯笼坡组），中共党员，现为贵州省黔东南州黄平县旧州镇寨碧村党总支部书记。

　　1969年春，灯笼坡生产大队发生火灾，王清华一家从此搬迁至寨碧生产大队（1985年改为寨碧村）生活，他此后的数十载光阴都在这里度过。

　　1988年，在邻村修坝要堵塞村寨出路的情况下，王清华出面据理力争，保留了村里唯一一连接外界的连心路，此举赢得了村民的支持与信任。两年后，王清华被选举为寨碧村村委会干部，正式参与村委工作，担任调解委员。工作期间，王清华成功化解多起村民矛盾，再次获得村民的认可，于1993年被选举为寨碧村村民委员会主任，并加入中国共产党。

　　此后几十年来，王清华创办返乡农民工创业园区、黄平县纪念高级中学，建村委办公大楼，修和顺长廊，谋经济，抓党建，助脱贫。

　　2008年，王清华被评选为"贵州省新农村建设十佳人物"。

2010年，王清华被评选为"贵州省劳动模范"。

2011年，王清华被评为"贵州省首届十佳先进基层党组织书记"。

2012年，王清华被授予"全国人民调解能手"称号。

2013年，王清华被授予全国"模范人民调解员"称号。

2014年，王清华被授予"文朝荣式好支书"称号。

2015年，王清华被评选为"全国劳动模范"。

2018年，王清华被评选为"全省脱贫攻坚优秀党组织书记"。

2019年，王清华一家被中华全国妇女联合会评选为全国"最美家庭"。

2022年，王清华被授予"新时代的贵州人"称号。

2023年，王清华入选"贵州好人榜"。

2024年，王清华获全国"八五"普法中期表现突出个人荣誉。

须臾岁月，倏忽数年，载誉而行，愈觉任重。王清华年逾花甲，仍守村寨为己任。

今朝寨碧百废兴，此村再无闭塞名。
引水修渠创产业，一心公廉为准绳。
回首往昔困顿苦，暮年慨慷陈前情。
愿祈不忘来时路，砥砺奋发向新程。

"景昃鸣禽集，水木湛清华"——他是农民之后，是和谐乡村筑梦人，他用一辈子打开村寨通往城市的门与路，自己却留在山林之间，乡土故地，不搬不移，不迁不徙。少年执着于斯，白首安心于此。

目 录

第一章　飞来横"火"迁村寨	//	001
土生土长的农民之子	//	003
在火光中结束的童年	//	005
辗转求学与步入婚姻	//	010

第二章　据理力争诉难因	//	023
分田分家难果腹	//	025
经商探索致富路	//	030
仗义执言保民路	//	034

第三章　众望所归任村委	//	039
调解委员化干戈	//	041
当代愚公苦心说	//	047
入党守得金石开	//	055

| 第四章 | 起起落落守初心 | // | 061 |

文润国强智启寨 // 063

箪食豆羹不改其乐 // 073

几番起伏回归村委 // 076

| 第五章 | 实业兴村抓建设 | // | 083 |

发家致富先修路 // 085

用水须有修渠人 // 090

建成村级产业园 // 097

| 第六章 | 花甲仍为筑梦人 | // | 109 |

载誉而行任愈重 // 111

乐守村寨为己任 // 121

| 结束语 // 127

 第一章　飞来横"火"迁村寨

扫码解锁

◉群英颂歌◉致富为民
◉振兴乡村◉奋斗底色

土生土长的农民之子

1969年，黄平县迎来了难得的晴天朗日。除了正月里下了几场稀薄的冬雪，再没有雨水降临到黔东南的这块土地上。常年阴冷潮湿的环境，造就了贵州人民嗜辣的饮食习惯；久阴多雨的气候，让春季里难得一见的日光变得格外珍贵和惹人欢喜。

那是刚过完春节没有多久的初春，这段时间还没有进入农忙的时节，也没有进入春雷彻夜不绝的连绵雨季。日头破天荒地长久照耀着云贵高原上的这片黄土，大地才开始解冻。黄平县灯笼坡生产大队的孩子们刚刚开学，刚出嫁的新媳妇终于可以回到娘家小住。村里人的眉眼间满是辞旧迎新的平和，神情中透着从容。一些上了年纪的老人，三三两两地在村头街巷闲谈着。细碎、柔软的苗语，安抚着农人长久疲乏的神经，他们猜想着今年会有好的收成。

王清华的父母都是当地土生土长的农民，在这个并不算富饶的大山里养育着六个儿女，仅有的几丘薄田是他们一家八口衣食的唯一来源。今天，他们没有出现在村口，而是难得地穿戴整齐，庄重地用红纸包裹好家中提前准备好的糖果油茶，准备去经济比较宽裕的亲戚家借一笔钱。孩子们都长大了，饭量也变大了，尤其是像王清华这样正在长身体的孩子，饭量更是大得惊人。听说县里市场进了一批高品质的猪崽儿，夫妻俩也计划着最好能买几只回来，这样不仅可以贴补一家人的口粮，到了年底还可以换些余钱。

夫妻俩不过是四十几岁，头发却有些花白了。因为常年的劳作，他们的脸上布满了风霜的痕迹，每每憨笑起来，额前与眼角处的皱纹蜿蜒贯通，竟似花甲老人。但是生活的艰辛并没有将夫妻俩压垮，比起过去被地主盘剥，辛苦一年却还要负债的日子，现在已经是不敢想象的好日子了。尤其是看着过年时满屋乱跑的孩子们，他们木讷而淳朴的内心充满了欢喜。虽说当下家里吃饭的人多，劳动力少，衣食用度都要靠夫妻俩辛勤耕作来换取，但是孩子们长得多快啊！老四清华已经上学了，以后如果考上大学，就能在县城上班。就算考不上大学，读书总有用处，可以给生产队做会计或出纳。再不济，就回来养猪种地，家中也正缺人手。总之，在这样好的社会里，只要埋头苦干，就一定有粮吃、有衣穿。有人，日子就有盼头！

我们那些面朝黄土背朝天的父辈们，总觉得土地不会辜负每一个勤劳的人。他们信赖土地，信赖粮食，就像信赖太阳永远从东边升起一样。所以，在漫长而古老的农耕文化中，"春种一粒粟，秋收万颗子"一直被视为最美好的愿望，汗水滋润泥土一定会长出稻谷，埋头苦干总有希望。幼年的王清华耳濡目染，这种信念还将在他未来历经的无数次磨砺与考验中被反复验证，最终贯穿他的一生。当然，这都是后话了。

云贵高原的春风是厚重的，没有西北地区倒春寒的朔风那般凛冽，也不似沿海地区的秋风那般萧瑟孤凄。黔东南州春天里刮的是南风，带着暖意，像是太阳来自远古的挚友，急切地想要赶走大地深处的寒意。王清华的父母就在这样美好的日光与风声里，怀揣着对未来生活的期待与祈盼，踏上了离家的路。

在火光中结束的童年

三月份的春风像是五六岁的孩子，成日里漫无目的地瞎跑着。它呼啦啦地来，呼啦啦地去，翻卷着春节时贴在木门窗上的大红对联，撩拨着苗族婆婆盘头时散落的发丝。在暖烘烘的太阳光里，人们的眼神逐渐有些迷离了。不知道是谁扔在路边的烟头，或者谁家烧火做饭时，没来得及熄灭的煤灰被洒落出来，又或者哪个孩子不小心遗失了一块玻璃碎片，成了能够聚集光线产生高温的凸透镜……火苗开始在村子的角落里悄无声息地蔓延着。

村里的猪崽儿正趴在柴草堆上晒太阳，狗则在到处闲逛，偶尔一两声鸡鸣在人们的耳边响起，一切都那么静谧和安详，仿佛在诉说着大好的年景。灯笼坡生产大队所有的村民们都没有想到，命运突然地同他们开了个玩笑。仅仅一天，他们便不得不离开这块养育了他们祖祖辈辈的故地，背负行囊，另觅他乡。

树木经历了一个冬天的肃杀，枝干上的叶子有些发灰和干瘪了。今年的春雨来得晚，空气格外干燥，村子里处处弥漫着一股草木碎片的土腥味儿。庄户人家堆在房门前后的柴草被一点儿火星溅到，这一点儿火星立刻浩浩荡荡地连接成片，火势迅速蔓延，大火将临近的房屋全部笼罩。

风，既能播撒种子，吹绿林木，也可以裹挟野火，将万物化为灰烬。

滚滚的黑烟涌向天空，迅速模糊了天与地的界限，在人的眼前连成一块巨大的黑色幕布。此时村中的人们才猛然惊醒，但为时已晚。干枯的柴草与强劲的春风迅速将火势扩大，村庄仿佛被一只无形的大手撕开巨大的裂口。

太阳悬挂在天空中，冷漠地俯瞰着黔东南的这片土地，面对人们的呐喊与挣扎，没有丝毫的触动。从相隔几公里的邻村望过来，这里的蓝天白云与黑烟红日形成了强烈的对比，竟有一种奇异的物象，就像海市蜃楼。

这时，二年级的王清华和同学们还在学校上课。

"锄禾日当午，汗滴禾下土。"他们用铅笔描摹出几个工整的大字，用逐渐褪去稚气的声音喊出他们父母日常的劳作画面。那时候的他们，目光里尽是少年的无知无畏。他们还不知道许多事情，不知道高年级的加减乘除，也不知道父母的生计之苦。

南风依然强劲地刮着，火势没有任何减弱的迹象。贵州本属云贵高原，接近亚热带的气候，温暖潮湿，山地之中，林木茂盛。黔东南地区的黄平县虽处缓坡，但依旧处于大山之中，草丛较多，树木繁密，一旦起火注定连接成片。千百年来，通往山中的村路狭窄曲折，使得外面的水泥砖瓦难以运送进来，加之气候潮湿，这里的劳动人民便就地取材，家家户户都用木头搭建起房屋。一排排依山而建的吊脚木楼，鳞次栉比，逐层向上，是从远处望去的乡野胜景，也是苗族民俗和传统的延续。

云贵川三省的少数民族众多，尤其黔东南地区，这里是苗族和侗族的主要聚居地。在他们的传统文化里，崇拜鸟、鹰、凤凰等飞翔在天空中的动物，但多年山林生活经验告诉他们，在干燥的空气里，烈火与木头相遇，会带来灭顶之灾。

人们慌了。在这慌乱的人群中，有几位年长的老人，相对冷静地辨别出大致的风向，指挥青年们站在上风口救火，村干部组织老弱病残先行撤离。

那一天，灯笼坡生产大队所有的青年都参与了这场救火抢险行动，在隔壁红梅乡实习的大学生也赶来帮忙，但人手还是远远不够。在那个交通不便、技术落后，甚至没有自来水管的年代，全村三百多人，除去年岁极高、腿脚不便的老人和病人，全都参与了这场火势凶猛的抢险行动。他们拿着水桶或者脸盆，排成排，一个接一个地向前递过去，运送着生命之源。

尽管在巨大的灾祸面前，这种古老而笨拙的灭火方式，看起来像是负隅顽抗，甚至有些仓皇可笑，但这已经是在当时极度缺乏引水设施的情况下，人们能想到的最好办法。若干年后，在改天换地的灯笼坡生产大队中，一条蜿蜒流过的无名河流给大家带来四季分明的不同景致。每当外地游客为之驻足、啧啧赞叹时，都会有老人忆起那一场大火，呢喃着贵州多山、多树、多河流，也许就是冥冥之中自有天意。

一场大火，烧掉了寨子里村民半生的积蓄，烧掉了王清华的家，也草草结束了他的童年时代。当王清华同他的父母赶回家的时候，生活了多年的出生之地已成为一片废墟，原本矗立在那的三间草房仅剩下一段段烧得黑焦的木架。似乎一夜之间，王清华的父母苍老了许多，冬天又回来了。

晚上，王清华的父亲王居义作出了改变全家命运的决定。

"搬家。"

"搬哪儿去？"

"寨碧。"

飞来的横祸打破了王清华一家清贫但安稳的生活。家园的毁灭让王清华一家不得不另谋出路，一同长大的伙伴和乡邻们被迫分开，四散迁移。童年时期投亲靠友、背井离乡的经历，让王清华过早地成长和走向成熟。当王清华的父母牵着从生产队借来的马车，将所剩无几的行李和他们兄弟姊妹六人带到寨碧时，小小的王清华深深地意识到了为人父母肩上的重担。此时，他还不知道，距离出生地几公里外的寨碧，将是他一生挥之不去、割舍不下的真正故乡与血脉之地。

若干年后，当王清华也成为一名丈夫与父亲时，他曾无数次回

⊙ 寨碧村一角

想起那个春寒料峭的清晨，父母单薄却坚毅的背影。为了给妻儿一个舒适的生活环境，王清华不止一次远走贵阳，起早贪黑地包地种田、学剪发、做裁缝……

成年后的王清华体会了为人夫与为人父的喜悦，也担起了作为一家之主的重任。于是，他更加坚信，脱贫致富不是仅靠个人单打独斗就能实现的。所以在数年之后，他在家庭和美、生意风生水起时，还是决心从零开始，去做一个"费力不讨好"的村干部。过去苦难的岁月，让王清华与寨碧村的村民建立了深厚的情感纽带，这似乎注定了他未来将带领全村走向脱贫，迈向小康之路。

辗转求学与步入婚姻

刚刚搬到寨碧的王清华，就转学到了当地的寨沙小学读书。那时的王清华满心都是认真学习、努力读书，立志用优异的成绩回报家人，并带着家人永久离开这个穷山沟。

但那时的王清华还没有要把穷山沟变成"银山沟"或"金山沟"的高远志向，也没能预料到城市里钢筋水泥建筑的高楼难以承载他的浓郁乡愁，更没有意识到自己十几岁的求学之路将会异常坎坷。

王清华转学后就读的寨沙小学距离他在寨碧的新家有一段山路要走。对于王清华来说，没有任何交通工具，每天只能靠一双脚走路上学是一件既难熬又危险的事。尽管如此，在转学到寨沙小学后整整一年的时光里，王清华始终坚持每天跋涉山路去学校念书。

20世纪的云贵高原，适宜作农田的土地稀少，又多贫瘠，不过好在这里气候温暖，农作物的生长周期短，一块土地一年可以种好几茬粮食。所以黔东南州的农民常常是刚开春就种洋芋，在洋芋成熟后立刻翻耕土地、引水灌溉，紧接着插秧苗、种稻谷，刚好可以赶上水稻抽穗、扬花。既然土地不够，就不让土地闲着，这是物资匮乏的年代里劳动人民生出来的智慧，也是无奈之举。但是这种现实对策带来的后果是，总有干不完的农活儿，农民们一直处于农忙当中，进而形成了常年缺乏劳动力的困境。因此在闭塞的山村里，祖祖辈辈都认为种地务农才是头等要事，大多数的家庭都不把读书当作出路。

农民深信土地的价值，也坚守着"工不枉人，地不亏人"的信念。他们认为只有种粮食才能填饱肚子，墨水不能当饭吃，这几乎是一种古老的偏见。这种固执和传统的生活方式，形成了一种"读书无用"与"重男轻女"的观念。这种观念导致了当时的乡村中游荡着许多不学无术、无所事事的少年。他们作为家中的男丁被偏惯着，逃避田间的劳作，也因为父母并不在意成绩而屡屡逃学，经常在村寨中做些小偷小摸、惹是生非的事。

少年王清华就曾在上学路上被这些游手好闲的"大孩子"围堵过。在灯笼坡生产大队失火后，那些与王清华一同长大的同伴们四处投靠亲友，搬移到各地生活。只有王清华一家搬到了寨碧，也只有他一人转学到了寨沙小学，所以并没有人与王清华结伴上学。在王清华转学到寨沙小学的前几个月里，总有年龄大一些的高年级学生在桥上拦截他的去路，抢他的书包，撕他的作业本。

其实，这些孩子并没有什么坏心思，他们不过是因为闲散生出了无聊，无聊催生出了捉弄他人的行为。为了不让父母担心，王清华并没有将这件事告诉家里，而是选择在上学的时候与他们展开"游击战"。这种"游击战"很简单，常常是王清华选择早起，绕更远的山路来避开这些高年级的学生。久而久之，这些学生觉得没意思，也就不再围堵王清华了。

就这样过了一年，学校的课业负担变重，加上学校离家实在太远了，山路难走，尤其是遇到刮风下雨的天气，一个小孩子每天这样奔波不免让人揪心。而且随着年龄的增长，越来越懂事的王清华也希望自己有更多的精力帮父母干些农活儿，每天把大量的时间花费在赶路上实在有些得不偿失，所以王清华提出了转学的请求。王清华的父母商量后，将他转到了更好到达的旧州二小读书。

"你将来会做出一番大事业的。"当时的王清华还是一个充满稚气的小学生。或许是被他朗诵课文时认真笃定的神情所打动，或许是被他记笔记时一丝不苟的认真劲儿所感染，有位老师曾对他说过这句话。这句看似寻常的鼓励话语在王清华的心中扎根、生长，逐渐勾勒出一幅朦胧却宏伟的蓝图，描绘着山外面的世界，以及他在山外的未来。

求学期间，王清华总能取得优异的成绩。他热爱学习，爱得很纯粹。在少年时期的王清华眼中，老师身上整洁的白衬衫、耳朵上架着的闪光的金属框眼镜、手中握的英雄牌钢笔，都充满了魅力。更不用说语文课本中描绘的山川湖海与石窟壁画等，所有这些象征着现代文明，标示着祖国地域辽阔、历史悠久的文字和图画，无不在勾勒着大山之外的另一个广阔世界。对于一个山区的孩子来说，它们像是香雪眼中的铅笔盒、妙妙眼中的电影画报，具有不可抗拒的诱惑力。书籍、广播、电视所传播的一切都吸引着大山里的王清华走出去，如同老师在他耳边呢喃："去吧，去做一番大事业。"

从小成绩优异的王清华，一心一意想要靠知识走出大山，他要到贵阳、到上海、到北京，到所有书本上提到过的地方去学习和生活。但是事与愿违，1973年，王清华结束了属于他的求学时代。

"没有文化是不行的，未来属于有知识的年轻人。"

"我读书少，普通话也说不好，和人交流困难啊，别人常常听不懂。"

"你看我不认识多少字，不会上网，别人轻而易举就做到的事情，我要学很久啊。"

如今，年逾花甲的王清华常常满怀感慨地讲述自己曾经的读书时光，没能继续学业，成了他一生的遗憾。

但是遗憾归遗憾，日子还是要往前看。一个时代有一个时代的掣肘，一段历史有一段历史的无奈。人活着的意义和价值在于不妥协，不服输。

随着年岁增长，少年的凌云壮志沉淀为了浓郁乡愁，王清华更加眷恋和依赖自己曾一心想要走出的村寨和大山。参加工作后的王清华经常需要外出到各地去参观学习、参加会议，见到了很多"山里孩子"接触不到的"世面"。但是"世界的方方面面"无时无刻不在提醒着王清华，他应该留在大山，守护大山，改变大山。

岁月不居，春秋代序。1975年，这一年的王清华17岁了。从灯笼坡生产大队失火后到搬迁至寨碧生产大队，从春花烂漫到桃李结实，在不知不觉中，王清华度过了人生中最美好也最短暂的时光，实现了从少年到青年的转变。在生产队干活儿的王清华，已经长成了一个精壮的大小伙子。于是新年一过，刚一开春儿，在那个婚姻多由父母安排、媒人牵线的年代里，开始陆续有人上门给王清华说亲了。

此时的王清华正在生产队负责出纳工作，他满心满眼只想趁此机会好好学习本事，趁着年轻有干劲儿，帮助父母减轻些家庭的负担，丝毫没有要早早结婚的想法。所以尽管总有媒人来说合，王清华却始终不为所动。一直到1980年，生产队开始实施分田到户政策，家家户户靠自己的劳动力种田耕地，农民们铆足了劲儿，精心侍弄着这块来之不易的土地。

那是黔东南6月里的一个晴天，黄平梯田上的稻谷已经长得又高又密了。这时候的云贵高原，气温高却不闷热，而是夹杂着丝丝缕缕的细风，让人的内心舒爽和敞亮。晌午的时候，王清华吃完一碗凉水泡饭，拎着农具打算到地里去看看，这个季节该薅稗草了，如果草多的话就需要除草，顺便加固一下田坝，反正庄户院里一年到头都是活计。

"清华他娘在家吗？"王清华的姨妈带着乡村妇女特有的，极具穿透力的笑声迎面走来，与王清华在正门口碰上。姨妈用欣赏和喜欢的目光上下打量了王清华几秒钟，随后说道："清华，今天不下地了，去剪剪头，刮刮胡子，好好拾掇拾掇自个儿。明儿我带你去见个好姑娘。"来人是王清华的远房亲戚，现在住在河对面的草芦坪村，是灯笼坡生产大队有名的媒人，是个能歌善舞的苗族姨妈，说起话来也像唱山歌一样大声、透亮。

"我不去。"二十几岁的王清华，身高相貌已经是一个壮年汉子了，谈起婚事来却还是带着些少年的青涩劲儿。

"我晓得你是咋想的，你不着急娶妻生娃娃，想帮帮父母，可是你父母还想帮你带娃娃呢。都是到年纪的小伙子了，不结婚打光棍，叫你父母在村里怎样做人？知道的说你不愿找，不知道的以为你讨不到老婆。好说不好听的！"

在王清华的沉默中，姨妈看出他的态度稍有缓和，又继续向他的父母说道："你们这个老儿子听话、孝顺，但他的婚事也是你们的心事。现在趁着你们的身子骨还硬朗，把新媳妇娶进门也风光体面。过几年，公公婆婆都老了，人家姑娘进门看着也不好看。"王清华的母亲像是突然被说中了心思，有些急切和惭愧地说道："他姨妈，可不就是这个理，我们老两口儿没给清华攒下啥，就怕人家姑娘不愿意呢！"

"这倒不怕，清华这孩子模样个头儿在那摆着，不怕人家相不中，就看他自己愿不愿意！"

姨妈是五十来岁的年纪，常年盘着高高的假发髻。今天登门来说亲，她头上还特意插了一朵粉色绢花。阳光打在绢花粉色的瓣叶上，像是给它染上了通红色，这似乎预示着好事将成。此时，王清华正蹲在房门口心不在焉地磨着铁锹。堂屋里姨妈的话句句在理，他实在不好坚持拒绝。于是在姨妈的说合与父母的劝说下，王清华答应随她到姑娘家走一趟。

6月中旬，正是气温一日比一日高的时候。王清华的姨妈个子不高，但走起山路来稳健有力，看着丝毫不累。干惯了苦重农活儿的王清华在与姨妈走了整整一个上午的山路后，竟大汗淋漓，甚至不如眼前这个中年妇人面色不改，吐气均匀。

就这样，千辛万苦跋涉十公里山路的王清华，终于在快到中午的时候来到了上塘镇白岩村里的一户人家——要与他相亲的姑娘家。刚走进门，映入王清华眼帘的是几个满地乱跑的半大孩子。此时的云贵高原，天气已经很热了，大多数小伙子都喜欢只穿一条短裤，光着膀子，但是这家的男孩子大热天还是穿着很不合身的粗布衫。在姨妈与姑娘母亲的寒暄声里，王清华走进并不宽大的场院。左边的牛棚有些破败了，显而易见已经空了很久，右边是鸡舍和关鸭子的栅栏，里面飘出家禽的声音和禽类粪便的味道，场院的正中间是两间矮小的土堆房，这就是姑娘一家人的住所。

上塘镇白岩村地处山腰，陡峭的地势导致这里的耕地十分稀少。这是一个没有父亲，兄弟姊妹众多的大家庭。此时一个挑着猪粪担子的姑娘从房后走出来，她穿着有些陈旧却浆洗得很干净的蓝布衫，在看到王清华他们时有些羞怯地、快速地瞥了一眼。这一幕就此印在了王清华的脑海中，像是熨斗放到布料上一样，一下子烫进了王清华的心里。

王清华想要接过姑娘手里的扁担，姑娘却没有松手，两个人都没有继续推搡，而是顺势放到地上，随后他俩又都默不作声地走进了屋子里。姨妈和姑娘的母亲都会意地走到门外聊天。二十几岁的王清华，虽然外表已经长成了一个大小伙子，言行举止看起来也很成熟，但骨子里却还是一个大孩子。突然这样近距离地面对着一个姑娘家，王清华不自觉地腼腆起来，想了很久都不知道说些什么。两个人就这样并排坐在房间里，静默地待着。

笨重的挂钟摇摆出声响，外面的阳光透过窗户照进来，照在地上，形成一整块一整块的菱形光斑。不知道是热的，还是太过紧张，王清华的汗水不停地滴落，在他的白衣服上留下一块块深色的汗渍。这样一来更加增添了王清华紧张的情绪。

"喝水。"姑娘把一碗水端到王清华面前，这一碗水是用开水泡好又凉凉了的茶水。王清华知道这一碗凉好的茶水是人家对自己的体贴与重视，尽管此时正感到口干舌燥，他也不好意思接过来。

姑娘顺手将茶碗放到桌上，背过身去不看王清华。"我不渴……谢谢。"话虽如此，王清华却不受控制一般地拿起搪瓷碗一饮而尽。姑娘回头看了他一眼，眉眼间透出一股随性和坦荡。王清华不好意思地笑了一下，瞬间觉得没那么紧张了。

"寨碧的地比你家这里要平坦些。"王清华终于说出了一句话，万事开头难，有了第一句，后面就顺畅许多了。"我们那秋收打粮食的时候不用挑着粮食走那么远的路，出了家门不远就是碾坊。寨碧的水也多，我们村沿着一条河，河那边是草芦坪村，河这边是我们，河岸上长满了桃树，花开的时候香得很。"

"我晓得。"姑娘低声说道。

"你喜欢寨碧吗？"

"喜欢。"姑娘说话的时候，不自觉地笑了一下，好像是为了这笑有点儿不好意思，就抬手捋了一下本不凌乱的鬓发。中午的阳光透过窗纸散射在她的脸上，将她原本黑红的脸膛染成金黄色，像是一尊铜像，肃穆的目光中带着温婉、平静的美丽。

在这简单得不能再简单的几句话后，两个人心照不宣地定下了终身大事。

婚姻这件事，可以很复杂，要八字相合，三媒六聘。

婚姻这件事，也可以很简单，只需情投意合。

王清华的婚姻与他父母叔伯那辈相比，已经有了极大的自由，既属于自由婚姻，也有保守和传统的一面。在当时，常常是青年男女见上一面，觉得眼缘不错，双方父母便开始商议和准备婚事了。

王清华是家里的老四，他那已到花甲之年的父母已经无力给他的小家提供太多经济上的支持了。王清华新婚的所有积蓄都是靠自己在生产队干活儿时攒下的，所以也非常有限。

于是，王清华一有空就跑到姑娘家里干活儿。因为距离实在太远了，又没有交通工具，来回二十公里山路只能靠一双脚走，王清华常常来不及吃饭就跑过去，到那里干完活儿再匆匆赶回家。家境并不富裕的王清华只能用行动向姑娘证明着自己的心意。

"那时候实在没什么钱，只好出力气。当然，现在也没什么钱，我老婆这辈子跟着我不划算啊。"王清华回忆起当初与妻子的相遇，流露出掩饰不住的幸福和惭愧。

10月底，地里的农活儿刚一结束，双方父母就在媒人的家中正式会面了。

王清华结婚时，没有"三十二条腿"——结婚所需的全新整套的桌椅板凳，没有"三转一响"——手表、自行车、缝纫机和收音机等那个年代结婚时需要的"大件"，更别说金银首饰之类的。王清华托姨妈带着未过门的妻子到黄平县城里做了几件卡其布的新褂子，全家准备了十斤的红色糯米粑粑，这就是全部的聘礼。就这样，那个坚韧、朴素的农家姑娘毅然决定嫁给王清华。

农户家里自己烤的米酒，入喉甘醇，并不辛辣，却依然能喝醉想醉的人。晚上，堂屋里的火盆上放着铁壶，铁壶里煮着当地产的红茶，滋滋地冒着水汽，整个屋子里都充斥着茶叶的香气。偶尔一块木炭爆开，发出噼噼啪啪的响声。木桌上放着切成片的腊肠、腊肉和花生米，红色的酸汤火锅也在沸腾着，冒着热气。王清华的父母与杜正莲的至亲握着手，推心置腹地不知道在说些什么，他们的面色有着微醺的红润，他们就此结成了亲家。

1980年12月20日的早上8点，寨碧里鞭炮声噼里啪啦地响起，唢呐声此起彼伏，迎亲的队伍浩浩荡荡地向着上塘镇白岩村出发了。

王清华借来了全县唯一的拖拉机，绕了几公里的山路去接妻子回家。上塘镇白岩村的苗族婶子们也都穿着彩色的裙装唱起送嫁的山歌。

在苗地的哭嫁风俗中，婆婆们为王清华准备了高山流水的迎门礼。

女眷们的歌声时而悲戚，时而欢喜。新娘的嗓音透亮、温婉，夹杂在其中，听得并不真切，有些断断续续、丝丝缕缕的，却不见羞怯和哽咽，而是显出大方和沉稳的样子，正如王清华第一次见到她时那样坦荡、刚毅。

这场看似风光，实则寒酸的婚礼是王清华对妻子毕生的愧疚所在，却是王清华妻子内心深处美好且柔软的回忆。

⊙ 王清华与妻子杜正莲的合影

⊙ 2018年5月15日，王清华在贵阳参加贵州省家庭教育日宣传展示活动
时和妻子杜正莲的合影

 第二章　据理力争诉难因

扫码解锁

◉群英颂歌◉致富为民
◉振兴乡村◉奋斗底色

分田分家难果腹

青青山中苗，育穗不觉迟。秋收冬藏日，终是长成时。

时间如白驹过隙，在人们的婚丧嫁娶间匆匆流逝。不知不觉中，王清华一家从灯笼坡搬到寨碧已经12个年头了，王清华连同自己的几个兄弟姐妹都已经成家。从1980年起，生产队开始实行分产到户的政策，因为大山中本就人多地少，黔东南的黄壤又贫瘠薄产，几乎家家户户的粮食都不够吃。那时候的王清华刚刚娶妻，眼看家中又添了一人却没有新的衣食来源，王清华不得不另谋出路。于是，1981年的春节一过，他便带着新婚的妻子与仅仅六分田地与父母分家了。

…………

峰峦延绵，翠色点缀，浓岚未散，雾气缭绕。在寨碧山脚下斜坡处的一间小屋外，簇拥着几个捧着鸡蛋的妇人。王清华蹲在门口的老井旁，吧嗒吧嗒抽着旱烟。1982年8月末，山中黎明前的天气并不炎热，甚至已经有了些许凉意，但是王清华的手心与额头还是因紧张泛出了汗珠，在反复抓握的间隙里，锃亮的烟袋杆子上印下了一层又一层浑浊的掌纹。

终于，随着房中的产妇用尽最后一丝力气呼出一口浊气，东方混沌的天际迸射出光亮，一声响亮的婴儿的啼哭声传出，结束了门外人们焦急的等待。

王清华的大女儿出生了。此刻，守候在门外的王清华眼睛已经有些湿润，在黑亮的脸庞的映衬下，眼白中的红血丝分外明显。王清华笑得有些憨傻，初为人父的喜悦与对妻子的疼惜让这个血气方刚的汉子瞬间充满了不可言说的柔情。

王清华很清楚这声啼哭意味着他增添了一个全新的身份。从今天起，他不仅是儿子、丈夫，还成了一名父亲。从为人子到为人父，刚满二十四岁的王清华将要正式肩负起家庭的重担。

1982年，许多人开始下海经商，赚到了人生中的第一桶金，甚至因此改变了自己与亲朋的命运。然而在当时的寨碧，大多数人还对这个即将改变中国走向，与自己未来及后代子孙息息相关的政策没有多少了解。在这块土地上的农民，同他们的祖辈一样，有着最朴素的愿望——卖力气，种田地，产粮食，吃饱饭。

可是贵州的田地太少了！

所谓"天无三日晴，地无三尺平"。黔东南山区多雨多雾的气候环境，让本就稀少的田地里的稻谷的生长变得更加困难。在很长一段时间里，大米白面都是奢侈的食物，人们只能靠苞谷和洋芋充饥。

好在国家逐渐实施改革开放政策，黄平县、红梅乡的干部们都鼓励农民走出去，想办法发家致富。突然间，政策的转向成就了一批占有天时地利的人。但处于黔东南黄平县的寨碧位置偏僻，与外界的连接仅靠村中唯一的广播。在许多城市做生意的风潮兴起时，寨碧的许多村民蠢蠢欲动，但又不敢相信，他们认为做生意是在投机倒把，害怕一夜之间风向转变，自己就成为曾经人人喊打的资本主义的尾巴。

因为有了婴儿的啼哭声，王清华与妻子居住的木屋充满了温馨的烟火气。但此时此刻，站在灶台旁的王清华却面露难色。看着家中越来越少的存粮，哺乳期的妻子身体虚弱还缺乏营养，而且马上到农忙的季节她还要下地干活儿，王清华的心里充满了自责。

王清华将锅中热好的一碗鸡肉端到妻子面前，自己则拿着煮好的洋芋直接吃了起来。这只并不算丰肥的母鸡已经反复炖了两天，如今的碗中只剩下清汤和干柴般的鸡肉，并没有什么油水。

"就算为了孩子，也要多吃些。明日赶乡场，我再去买一只鸡来熬汤。"

"不要白花那些钱，我好着呢。"这个从小生长在庄户院子里的女人执拗地说道，因为气力不够，语气显得更加柔和。

其实，王清华夫妻二人不过二十几岁，还是青壮年，正是能出力，也能吃饭的时候。可仅仅六分田地，两个人就算黑天白日地忙碌也只能勉强糊口，如果碰上歉收的年景，甚至还要借粮度日。如今家中仅有几十块钱，这可是夫妻二人辛辛苦苦干了一整年才攒下来，以备不时之需的。王清华很清楚，妻子实在不舍得将这些钱花费在吃喝上。如今家中多了女儿，这可不是一个物件、一个摆设，孩子是要吃要喝才能长大的，冷了要穿衣，病了要请医，大了要读书，如果继续靠那几分田地生活，以后的温饱都成问题，又怎么养育女儿呢？所以无论如何，都不能继续靠地吃饭了，一定要采取其他办法，想到这儿，王清华便将自己的计划对妻子脱口说出。

"孩儿她妈，趁着现在政策好，我想搞一台耕田机，咱们明年包地种。"

"大家都不敢搞承包，赚不赚得到钱不说，怕出事呢。"

"我不怕。就靠这点儿地，哪能养活你我？"王清华咬了一大口洋芋，咧嘴憨憨一笑，"再说了，还有娃娃呢。"

"不剥皮就吃，也不嫌牙碜。"穿着半旧蓝色褂子的妻子嗔怪地瞥了王清华一眼，将手里剥好皮的洋芋递过去，换回王清华手里的那个，继续低头剥着。

房中煤油灯里的灯油快烧尽了，火光忽闪，有些飘忽，将并不宽敞的房屋显得更加狭小，女人的脸庞在火光的映照下，掩盖了原本的苍白，显出健康活泼的红润。刚刚成为母亲的杜正莲正在认真思量着这个有关家庭未来的决定。

"那你当心嘛。"半晌，她答道。这个才二十几岁的女人，是王清华的孩子的母亲，是他的发妻，也是与他相濡以沫、扶持半生的人。在此后许多次王清华面临重大选择或者危机但心意已决的时候，杜正莲也总是会先沉默，然后说道："那你当心嘛。"

青年常常是莽撞的，所谓初生牛犊不怕虎，人言盛年易张狂。但也恰恰是这种青年时期的莽撞和张狂给王清华带来了敢做敢闯的勇气和担当。无数个这样的青年汇聚在一起，就构成了一个国家和民族探索出路之初的胆气与底色。

就这样，王清华开始了他长达八年的试错之旅。

⊙ 1994年，王清华于寨碧村河堤的留影

经商探索致富路

春花谢后，夏荫成盖，随之秋收，其后冬藏，生灭辗转，周而复始。人类也是这样在大自然的规律里进行着属于自己的代际传承。在黔东南州的大山深处，四季轮转分明。时间过得飞快，不知不觉一年的光阴便在王清华夫妻的辛勤劳作与养育孩子中匆匆溜走，仿佛昨天还是刚刚出生只会哭闹的婴儿，转眼间便能爬能走了。眼看着又到了收稻谷的时候。

这年春天，王清华花光所有积蓄，加上借了一笔钱买了一台耕田机，与妻子一同承包了六十亩田来种。但是这里的山地环境对当地的农民来说，是个巨大的难题。在"地无三尺平"的贵州，到处都是山，出门就是山路，黄平县也不例外。尽管王清华在承包时尽量选择了集中在一起的土地，但因为山地沟壑蜿蜒，王清华的土地很难连成一片。在这样的现实条件下难以实现大规模的机器操作，所以实际的种植和看护工作十分耗费人力。虽然有耕田机帮忙，但是毕竟土地多又分散，尤其是秋收的时候，灌袋、运输、晒粮都极为困难。

可是时间不会因为农民面临重重困难就停下脚步，秋收不等人啊！突然之间由曾经的人多地少，到现在的人少地多，土地容量从一个极端到另一个极端的翻转，将王清华夫妇压得几乎喘不过气来。在农忙的日子里，王清华与妻子每天早上天不亮就要起床，走上一段山路，一头扎到田里去劳作。为了赶时间，他们中午就吃些早上从家里带来的冷饭。他们"贪婪地"用尽每一个能够劳作的时刻，兢兢业业地侍奉着这块寄托着家庭希望的土地，不敢有丝毫的疏忽。每天要等到太阳完全落山看不到稻穗以后，王清华夫妇才收拾农具迈着疲惫的步子回家。好在云贵高原云层单薄，大山里的空气清爽干净，在那个没有路灯也没有雾霾的年月里，月光与星光足以照亮归家的路。

即使这样披星戴月地劳作，王清华家中的生活也并没有因此有多大的改善，甚至在不久后发生的一件事，成为王清华夫妇一生都自责不已的痛处。

在过去的一年里，王清华夫妇几乎将所有心思都倾注到那块押注了全家积蓄的土地上。当时大女儿刚刚满一周岁，是需要有人看护的，但地里正是农忙的时候，田里的谷子不等人啊，几乎家家户户能走动的成员都下地干活儿了，村中的孩子没有人看护是常态。艰苦的环境赋予了农民许多不得已的劳动智慧，王清华夫妇开始背着孩子下地干活儿。蓝色的碎花布里包裹着小小的女儿，夫妻俩背着女儿在天刚蒙蒙亮的清晨沿着山路一步一步爬坡到地里，他们就这样度过了整个秋收阶段。

繁忙的秋天总算结束了，王清华夫妇在交还了租借土地人家的粮食后，还有剩余，终于不用再朝不保夕地借粮过日子了，但是家中依旧没有余钱。这时正赶上王清华的妻子杜正莲再一次生产。杜正莲在生育大女儿的时候落下了月子病，王清华为给妻子增添些补养，便趁着农闲的间隙出去做点儿小买卖。此时王清华的父母已经年迈，住在离王清华家几公里远的大女儿家，多年的劳作让老人的腿脚已经不再灵便，实在没有能力顾及其他孩子了。在生活的重压下摸爬滚打多年的王清华也非常理解父母的苦衷，只好把妻子和刚刚会走的大女儿一同留在家里。

那年，黄平县的冬天格外冷，家家户户都早早地烧起了炭火。早在千百年前，勤劳能干的黔地山民们就掌握了用木柴烧制炭来取暖的技艺。大山中是不缺树木的，所以就不缺炭火。至今贵阳市依然有叫作烧炭坡、烧炭沟之类的地方，用来纪念这种古老的技艺。入冬后，燃烧着的炭火通体红亮，嵌着白灰，一闪一闪，忽明忽暗，不仅给黔地的农民送来了温暖，也为家中提供了温馨的火光。但是谁都没有想到这零星闪烁的火光会成为王清华对大女儿永久的愧疚。

就在王清华二女儿满月后的第二天，虚弱的妻子刚刚哄睡哭闹了半晌的老二，产后的无力与疲倦使她深沉地睡着了，午后的屋中安静得只有娘儿俩的呼吸声。此时，一声闷响，伴随着撕心裂肺的哭喊惊醒了熟睡的杜正莲。刚会走的大女儿在屋子里跌跌撞撞地碰翻了正在燃烧的火盆，大块通红的、燃烧着的木炭倾倒而出，大女儿的衣服顷刻间便被烧焦，腰腿上的皮肉也被烧伤。

等到王清华回家时，已经是深夜了。女儿的伤口狰狞血红，让人目不忍视。妻子的双眼布满血丝，枯槁憔悴，王清华与妻子第一次抱头痛哭。

　　然而，庄户人家终究是闲不下来的，尤其是贫苦的庄稼人。随着孩子们越长越大，所需要的开销也越来越多。在刚刚兴起承包田地的时候，种田人与田地拥有者的分成还是四六开，这意味着王清华夫妻二人忙活一年，却要分给别人六成的谷子，自己只剩下少部分，所以几年下来也攒不下什么钱。每年忙农活儿时主要集中在春秋两季，所以在农活儿不那么忙的时候，王清华便想办法做点儿小生意补贴家用。

　　受生计所迫，王清华卖过鸡苗，做过糕点、糖果、豆腐，给人理过发，做裁缝卖过衣服。在闭塞的大山里，王清华几乎将所有能够赚钱的方法都尝试了一遍。但是，鸡苗频繁遭遇疫病，豆腐销售需远赴贵阳，往返需数日，易腐坏，且销售结果往往取决于运气。有时候碰到强买强卖的不法之徒，就会血本无归。走街串巷卖糕点、糖果虽然本金不多，却也很难卖出去。那时候富裕的人家实在太少了，几乎家家户户都挣扎在温饱线上，除了看病人、走人情时会送些点心，几乎没有人有余钱来买零食，所以销路成了难题。

　　后来，王清华学会了理发和制衣这两门手艺。他想着毕竟剪发、穿衣人人都需要，但是没想到这两个行业难上手，好不容易学成，利润却微薄得可怜。尽管王清华的手艺好，但也卖不上价，他也不忍加价，有时候碰见蓬头垢面的老人，还免费给人家理发刮脸。"仓廪实而知礼节，衣食足而知荣辱"，地里面没有粮，兜里面没有钱的人们，哪里还能讲究穿戴容貌呢？归根结底，还是太穷了。贫苦的条件也让大家拥有了基本的生存技能，一件衣服，新三年，旧三年，缝缝补补又三年。王清华辛劳努力着也只够勉强维持家用。

农民挣钱太难了，一个人势单力薄地挣钱更难，都是穷人啊，让谁去赚谁的钱呢？这些年的经历让王清华意识到，要想富，一定不能局限于村巷之中。在穷乡僻壤里自己摸爬滚打是行不通的，脱贫致富不是一个人的事，需要集体共同努力，要走出去，开阔眼界，向外发展，才能有未来。

所以，1985年王清华决定外出打工，顺便与人合伙做些生意。命运总算没有辜负这个勤劳能干的农民孩子。王清华终于在这一年攒到了他人生中的第一笔钱，也第一次有了稳定的收入。这时候，王清华的小女儿刚满两岁，大女儿已经三岁了，孩子们健康成长，妻子也终于不用日日为生计愁苦，王清华的生活呈现出前所未有的美满和顺遂。

此时的王清华对现状比较满意，他计划着下一步要带领村中的几个后辈将生意做大，信心满满地规划着心中的蓝图。他还不知道在三年以后，将发生一件对自己的未来有重大影响，甚至还改写了他与家人命运的事。

仗义执言保民路

几辆货车顺着颠簸的山路，磕磕绊绊地开进黔东南的大山深处。

车辆几经弯曲回转，最后在距寨碧村不远处的草芦坪村停下，车上下来一群抬着水泥和混凝土的工人，他们是来完成建造防洪堤最后收尾工作的。红梅乡这条河流上的堤坝从策划到修建已经过去了几年的时间，这是20世纪贵州山区里难得的大工程。

5月份的黄平县，雨后的阳光明朗而温软，不仅不刺眼，甚至有些缱绻的娇媚。河流经过了春初的涨潮，入夏后水流变得很大，清澈而舒缓地穿过大山，环抱着野花满地的村寨。历史的车轮已经驶到了1988年，经过时光的打磨，为人父的王清华，看起来有了风霜的痕迹，沉稳干练了许多。

一年前，相隔几公里的红梅乡政府正式开始修防洪水坝，这一年终于就要竣工了。这本该是一件好事，却给寨碧村的村民带来了困扰。在县水利工程指挥部设计的工程图纸中，寨碧村通往村外的路将会被堵死，只在上游村寨留下一个出口。

早年的寨碧村以"闭塞"闻名，百余年以来村民出入都十分不便。如今这个出村的通道来之不易，还是几十年前寨碧村的村民用几亩土地与邻村换来的。从20世纪60年代起，这条连心路便是村中唯一便捷的出口。当年王清华一家搬来这里时走的就是这条路。如今要把这个出口堵死，村民们自然是不能答应的。

寨碧村村委会早已经派人前去与施工队交涉，但在得到了需要5000元工程款才能保留出口的答复后就没有下文了。在那个家庭月收入只有几十元的年代，不难想象5000元是怎样一笔天文数字。村委肯定是拿不出这笔钱的，村民们也凑不出这笔钱，眼睁睁着施工队即将堵死出路，大家急在心上，却都没有办法。此时，正在旧州粮场打工的王清华听到这个消息，也感到十分不解和愤怒，在一连数

⊙ 2022年，在"忆苦思甜"活动中，王清华向学生演示手工收割水稻时留影

日都等不到村委后续的解决方案后，他便组织了一批同样血气方刚的青年到县委去讨要说法。

"给上游留出口，不给我们留，兴了一村，却困了一村，没有这样的道理！"

"这条路我们走了几十年，凭什么说堵住就堵住？"

"那么多工程款我们怎么拿得出来？"

起初县委大院里没有人搭理王清华他们的诉求与询问，王清华一行人遇到的是事不关己的冷漠。但是王清华并没有因此而心生畏惧和怯懦，反而据理力争。

"没有了路，我们村子里的人怎么出去？"

"那不是还有一条吗？"工作人员回答道。

"那条路要多绕几公里，一出一进要多走个把小时啊！你们就是这么为老百姓办事的？"正当壮年的王清华气血上涌，说话也开始上纲上线起来。当然，他敢这样说话，到底还是来自对党和政府的信任。

"这位同志，说话要注意分寸嘛。"工作人员见王清华的态度这样激烈，叹了口气，无奈地说道："修防洪堤是大事。自然，修桥补路也是大事。可凡事总有轻重缓急嘛！当然，也不是说我们不管寨碧村，可是我们也实在挤不出多余的钱来管，你们也要体谅我们的难处啊。"

之前面对对方的回复，王清华或许还有满腹的道理能够争论，可是当对方开始一言一语地讲出不可违拗的困境，王清华一时语塞了。是啊，谁都希望有大把的钱来修建四通八达的康庄大道。但是一个三口之家脱贫尚且如此艰辛，更遑论一个村寨呢！

于是，还不到而立之年的王清华更加坚定了要实业兴村，带领寨碧村脱贫的决心。只有让自己先富起来，再带动每一个村民富起来，才能有余钱和余力缓过气来，回过头来，再去帮助那些更偏远的地区，那些更落后的村县，那些更闭塞的深山。一带二，二带三……以一灯传诸灯，终至万灯皆明。这也为他成为寨碧村村支书后，挖渠引水修路，办学校，创产业园，埋下了一颗坚韧的种子。这颗种子的来源，可以追溯到他还是一个普通寨碧村青年为民请命的那一天。

可是，当下该怎么办呢？村路被堵，堵的不只是村民的出路，更是他们的活路，这关乎着寨碧村一千多户的生计和他们奔向未来的希望。

好在天无绝人之路。就在僵持不下两个月后，乡里终于拿出一笔钱保住了寨碧村通往外界的唯一一条路——连心路。

这件事使作为外来户的王清华在寨碧村积累了深厚的民心，也为他日后成为村支书奠定了基础。尽管此时的王清华并没有想这么多，但是人生总没有白走的路，过往的每一次选择和经历都会烙印在他的身上，终将在若干年月之后，不经意地成为命运的推手，显露出深久的力量之源。

 第三章 众望所归任村委

扫码解锁

◎群英颂歌◎致富为民
◎振兴乡村◎奋斗底色

调解委员化干戈

　　长久的农耕文化基础使国人一直处于"阡陌交通，鸡犬相闻"的安稳生活状态中，乡村人们的生老病死、结婚生子都在这样的熟人圈子里进行着。乡土大地独特的社会属性使得人与人之间容易亲近，有着亲密的关系。

　　1990年，寨碧村村委会要进行换届选举。当时寨碧村的村委干部们年龄都大了，不仅在体力和精力上不如年轻人，对新思想、新事物的接受能力也差一些。所以黄平县委针对这次换届活动提出：要大胆启用新人，吸纳青年群体。因此这一次的村委换届工作尤为重要，是一次关乎村寨发展的"大换血"。此时的寨碧村，需要有能力、敢担当的青年人。

　　到哪里去寻找这样的青年呢？大家想到了两年前那个一腔热血冲到黄平县政府为寨碧村保住唯一通往外界道路的小伙子。

　　村民们还没有忘记当年王清华带领一行人到县政府，不卑不亢、据理力争为民请命的样子。寨碧村的许多老人都意识到这个来自灯笼坡组的小伙子，不仅有一颗为村寨着想的心，还有敢说、敢做、敢干的闯劲儿。于是大家纷纷推荐他参加村委的选举。一开始，一心扑在妻儿身上、忙着赚钱养家的王清华对选举并不感兴趣，甚至有些排斥。

"我年纪小、经事少，比不上族长和寨老们，去凑什么热闹？"

"去试试嘛！谁说年纪小说话就没分量，毛主席34岁就领导秋收起义了，让你参加个村委班子怕什么？"

王清华对毛主席万分敬佩。来人拿出这个理由劝说王清华，他也就不再反驳，嘴上答应着试一试，心里却不抱什么希望。

3月末的一个晴天，村里刚刚举办完油菜花节。寨碧村村民代表进行了投票表决，王清华顺利当选了村委会委员。于是32岁的王清华也正式成了寨碧村的调解委员。

1990年，村民们忙着割地收粮，随后脱谷、灌袋、装仓。随着几场厚霜，几次冬雨落地，田地里的农活儿终于结束了。黔东南州的农民们忙碌了一年，总算进入了农闲的时候。寨碧村的村民们都欢欢喜喜地准备过大年。赶乡场的集市上人们熙来攘往，拥挤着，说笑着。大家都在置办年货，买猪肉、糖果和茶叶。偶尔还会遇到开始摆摊写春联的老人，蘸好墨汁的大笔在红纸上挥洒，一副副吉祥喜气的对联在人们的啧啧赞叹中被选走。有小孩子的人家还会买一些爆竹来放，以除去一年的霉气，迎接新春。家家户户都在准备过年要用的东西，折树枝、磨辣子，村子里弥漫着灌腊肠、熏腊肉的烟火香气。

在寨碧村西北角的坡地处，有一户姓雷的苗族人家。雷姓本是当地的大姓，家族里子孙众多，但是这户人家却只有一个儿子——雷娃。这户人家的老人脾气古怪，不爱与人打交道。

那时候，刚刚流行外出打工。雷娃在城里遇到了一个来自贵州铜仁的女孩，两个异乡人在陌生的城市里互相陪伴、彼此依偎，慢慢地产生了感情。青年男女情投意合，两个人迅速成为恋人。在外一年的时间里，雷娃带着姑娘去当地民政局领了结婚证。但当雷娃带着已经正式登记结婚的妻子回到村里后，他的父母却不肯承认这个外地姑娘是自己家的儿媳妇，没办法，雷娃只好请来王清华帮忙调解。

"大爷、大娘，这些年国家一直在提倡婚姻自由，早就不兴过去包办婚姻的那一套了。你儿子娶谁做老婆是他自己的事，你们不能干涉啦！"王清华劝慰道。

"我是他老子，他娶进来的是我雷家的儿媳。我管不了你们老王家的事，还管不了自己家的事？"雷父气愤地说道。

"大爷，干涉婚姻自由是违法的。"

"违法？我不怕，你不用说那么多。你让他叫警察来抓我，进城一趟长本事了，儿子来抓他老子了，可真是光宗耀祖！"

虽然已经是新社会了，但解放思想不是一天一时的事，而是经年累月要做的事。在当时黔东南州的农村地区，生活着许多如雷娃父母一样固执守旧的老人。他们祖祖辈辈都只与土地打交道，一辈子都没想过自由恋爱这种"摩登"的事情会发生在自己的家里。

这些老人很难融入正在飞速变化的时代，性格倔强又执拗，但心眼儿不坏。他们大多心思简单。雷娃的父亲也只是想不通儿子怎么可以从一个陌生的地方领来一个并不"知根知底"的姑娘，而那个姑娘怎么可以没有三媒六聘、父母媒妁就跟着男人回到老家。这对老夫妇不明白也不理解，其实他们并不是存心要拆散一对夫妻。王清华明白要做好这些老人的思想工作，光讲道理是没有用的，他只好动之以情。

"大爷，当年您和大娘结婚的时候给了人家女方什么聘礼啊？"

"扯我做什么，那都是猴年马月的事情了，谁记得清。"王清华不再提让老两口儿接受这个儿媳的事情，而是问起他们当年结婚的故事，想要以此循序渐进放松两个人的警惕。但是雷大爷似乎并不买账，他不知道王清华为什么突然问起这个，还在气头上的他也不打算回答。

王清华见两位老人都不搭理他，只好继续自顾自地说下去。"大爷，我当年和孩子她妈结婚，也是经媒人说合的。那时候我穷，也没有什么像样的彩礼，就扯了几尺布做了身衣裳，人家就跟了我了。"见对方没有搭理他的话茬儿，王清华继续自顾自地说着，"我现在都觉得对不住我媳妇。大爷、大娘，人家一个姑娘家不图房子、车子、票子，就这样啥也不要跟了咱，咱咋能寒了人家的心呢？"

"你说的倒是这个理。"半晌，老人低声道，"可是……"

"可是他不该不和您二老说，不征求您二老的同意就领了证。

他做得是不对，咱们必须批评教育他。可是，话说回来，咱也得想想这结婚的事，在电话里三言两语能说清吗？再说，您儿子都是二十几岁的大小伙子了，要是娶人家姑娘时犹犹豫豫的，您要是有女儿，能放心把女儿托付给这种人吗？不管怎么说，归根到底不是人家姑娘的错。这大过年的，您不能因为和自己儿子赌气，就不认儿媳妇啊！"

老年人不是不通情理，只是未有人以情理打动他们。当两位老人解开心结后，也就接纳了这个儿媳。王清华担任村委后调解的第一次家庭纠纷终于圆满成功。

王清华调解这次家庭纠纷的过程虽然不惊险，但格外磨人和琐碎，尤其是面对父母与子女这样的关系，更是难以简单地分出是非对错来。经过这件事，王清华意识到拓宽眼界、开阔思维并不是一句口号，也不是空中楼阁，它距离我们并不遥远，而是实实在在地影响着人们生活的方方面面。

"开放"从来不只是一个经济命题，而是一个融汇政治、文化、教育等的社会性命题。兄弟因为奉养双亲引发争执，邻里为了几尺土地吵嘴等，村里的大事小情无不牵扯着王清华的精力。王清华认识到作为村委干部，不能只想着如何带领大家发家致富，也要做好大家的思想工作，提高村民们的思想觉悟，减少纠纷的发生。

⊙ 王清华（左四）调解纠纷现场

当代愚公苦心说

春雨惊春清谷天，夏满芒夏暑相连。农民在与土地的亲密接触中，对四季轮转感受得格外明晰。几场雨水过后，草木日渐丰茂，蜂蝶成片飞舞，湖泊与河水暴涨，转眼间就到了夏天。

寨碧村的夏天多雨，久阴难晴，阴雨时天气闷热潮湿，难得的晴天里又格外炎热。一个刚刚下过雨的晴天，天空湛蓝，太阳将云层分割开来，从缝隙中迸射出金光。这真是一个极好的天气。

茅草在河岸处茂盛地连成一片，水田里的水波倒映着蓝天，让人看了便不禁生出欢喜。王清华正在地里给稻谷拔除那些混杂进去的、长得极像稻谷的稗草。

就在这时，远处的田坝上跑来了几个村民，给王清华带来了一个悲痛的消息：邻村王家的二儿子王某摔死了！王某今年还不到三十岁，论起辈分来还要管王清华叫一声四哥。前两天他妻子刚刚给他生下小儿子，还在月子里。他结婚还不到两年，已是两个孩子的爸爸了。王清华听到这个消息的瞬间，心不由得揪紧了。他顾不得田里的农活儿，立刻随着报信人跑到王家。面对意外发生的惨剧，要如何处理才能妥善安抚和安顿他的家人呢？

　　还没有走到王家门口，王清华就听到里面传来的哀号声。走进门，眼前的景象更是让人目不忍睹。刚刚成了寡妇的年轻女人坐在院子里，一手怀抱着襁褓中的孩子，一手死命地拍打着地面，扬起呛人的尘土。家中的两位老人已经悲恸得不能言语。年轻女人身旁还站着一个孩子，孩子还不知道发生了什么，迷茫地盯着来来往往的众人，牵着母亲的衣角，显出无措的样子。王清华看到女人怀里的婴儿与站在一旁无辜的幼子，也不由得湿了眼眶。

　　经过家属与周围村民的讲述，王清华了解到，王某是在与好朋友刘某爬树摘蜂窝时，不小心踩空摔下来当场死亡的。王某与刘某是发小，两个人从小玩到大，经常互相约着出去打平伙、赶乡场和破蜂窝。这次事故的起因就是刘某喊王某一起出去摘蜂窝卖钱，没想到发生了意外。

　　六七月份的黔东南正值盛夏，暑气蒸腾，正午的气温有四十摄氏度。纱窗也挡不住成群的蚊蝇，它们聚成一团嗡嗡地围着人露出的皮肉打转。院子里人声嘈杂，大家交头接耳，你一言我一语地说着，却没有一个主心骨。王清华看了看停放在地上，身上盖着粗布的王某，心想事情总不能就这样拖下去，便对王某的妻子劝说道："怎么说死者为大，我看还是先料理了我二弟的后事，咱再说其他的。"王清华的话一出口，现场立刻安静下来，没有人搭言。

　　王清华俯下身来，继续对着王某的遗孀说道："弟妹，二弟没了，你们的日子还得过啊。孩子都在这儿看着呢，老人岁数也这么大了，家里的事还得你做主啊。听哥一句劝，咱先把二弟的后事料理了。"

听到王清华这样说，正在抽泣的女人好像被触碰到了什么神经一样，一下子又撕心裂肺地哭喊起来："他四哥啊！"接着仿佛要把所有的委屈都向王清华倾诉出来："不是我不听你的话，家里没有男人怎么活啊？如今我男人死了烧了埋了就万事了了。剩下我们娘儿仨可咋办呢？我不管，我要打官司，我要告他，都是他拽着我男人，我男人才去摘的蜂窝啊！"

王清华知道孤儿寡母生活不易，但是毕竟人已经去世了。在这样的天气里尸身很快就会腐坏，一直拖着不仅不能解决问题，还容易给老人、孩子留下心理阴影，于是王清华接着说道："今天我王清华在这里表个态，村里面肯定不会不管你们的事。况且刘某和孩子他爹是发小，咋能眼瞅着自己兄弟的媳妇和孩子过不下去呢？"说到这儿，王清华的眼神望向了刘某，刘某也没预料到会发生这样的惨剧，现在他惊恐、悔恨与悲伤等情绪交织在一起，马上接着表态："是是是。嫂子，你放心，我一定不会不管你们。"

当时的黄平县还没有普及火葬，依然保留着人死后入棺土葬的习俗。因此，许多上了年岁的老人在身体硬朗的时候就开始给自己准备寿材。可是王某去世这么突然，现刨木做棺材肯定是来不及了。于是，在王清华和寨碧村几位有威望的老人的主持下，暂时挪用了家族里老人的棺木，王某总算得以顺利安葬。

刘某与王某的关系一直很好，如今王某意外去世对刘某来说也十分难以接受。"我是真没想到会这样……我们摘过多少次蜂窝了，这么高的树，我们也爬过，没想到……"

"现在说这些已经没有用了，看看怎么弥补王某的妻子和孩子吧，让他在天上也好安心啊！"

王清华知道能不能安抚好遇难者家属，主要在于刘某的态度。考虑到刘某家的经济条件较王某家要宽裕很多，王某的去世使得家里的寡妻要独自承担养育两个孩子的重任，王清华希望尽最大努力给这孤儿寡母争取到经济补偿，便准备与刘某认真谈谈。

"你说怎么办吧。"此时的刘某已经清醒了很多，明白他能做的只有在经济上补偿王家了。

"你也根据自己家的条件来，安葬费有多少算多少，你看看和王某兄弟一场，能拿就都拿了。他妻子现在坐月子，也没法出去干活儿，娃娃爹没了，大的现在还好说，小的奶粉钱也不是一笔小数目。你看着再出几万元。过几年等孩子大些了，你有能力就再帮衬些，不过到那时候就全凭心意了。"王清华说得很恳切，他清楚自己是来化解矛盾的，不是来索要钱财的。尤其在这个时候，更不能拆了一家补一家。刘某也明白养育儿女不是一时的事，就算再多的钱，也弥补不了一个家庭没有父亲的损失。事已至此，也只能用金钱表达自己的愧疚了。

最后，经过刘某与王某妻子协商，确定了赔偿款：一共三笔，分两次结清，此后互不追究。以后在孩子成长过程中再有困难的时候，若刘某有心、有余力就再补偿些。当然那就要靠情分了，要另当别论。

　　这固然是一件惨案，但两家也算是得到了妥善和解的结局。王清华在这次调解中意识到，法律是人最低的行为准绳，而道德才是对一个人最高的要求。一个人不违背法律，不意味着他的道德品质就没有瑕疵。换句话说，有些时候在乡土大地上，情也许比理更适合解决矛盾。

　　岁月不居，时节如流。乡野里四季分明，更显得一年时光流转得匆忙。不知不觉又是一年春节，转眼就出了正月，寨碧村年轻的夫妻又陆续外出打工了，村子里一下子又从热闹变得冷清了起来。

　　就在初春里寻常的一天，王清华再次遇到一个棘手的事件——村里一个小男孩掉进鱼塘不幸被淹死了。相比其他的纠纷，这件事要难处理得多。

　　溺亡的小男孩是寨碧村的一个留守儿童，他的父母都在城里打工，根本没有时间和精力顾及家庭，只能将孩子留给家中的老人照顾。黔东南2月末的天气，阴晴不定，冷热无常，小孩子常常是火力旺不怕冷的，可家人总是担心孩子穿少了会冷。这个小男孩的悲剧就是这样发生的。

　　孩子奶奶带着孩子到小卖部去买东西，刚出门走了几步，孩子奶奶觉得外面风大，怕孙子冻着，就折返回家去取衣服。孩子在等奶奶的时候自己溜到鱼塘边玩，失足掉到了鱼塘里。

　　小男孩的父母得知消息后，立刻从城里赶了回来。家里只有这一个孩子，父母在外打工攒钱，眼看着可以租一个大点儿的房子接孩子来身边了，可悲剧却猝不及防地发生了。小男孩的父母悲恸到失去理智，拒绝和解，不要赔偿，口口声声大喊着一命抵一命。鱼塘主家的亲戚听说家族里的鱼塘淹死了人，都纷纷赶来看看能不能帮忙。

小男孩的父母以鱼塘没有防护栏、警戒线和提示标语为理由将责任全部怪到鱼塘主身上，扬言要送对方去坐牢。鱼塘主一听自然也生起气来，大声喊道："这地方养鱼开塘的多了，谁家设防护栏了？你打听打听，我家鱼塘干了多少年，怎么偏偏就你儿子掉了进去？"

更有一些村民，看热闹不嫌事大，挑起双方的火气。王清华知道在这样的场面下，无论如何是不能进行调解了。眼看着双方的话都说得难听，再这样吵嚷下去就要动手了，没准儿还会引起更大的乱子。王清华立刻让人把双方分开，劝回家中。

总要等到大家心平气和地坐下来，才能讨论如何解决问题。在这几天的时间里，王清华查阅了相关的法律条款。他了解到无论鱼塘有没有防护栏、提示标语或警戒线，小男孩在此溺水死亡，鱼塘主都有一定的责任。不过这件事毕竟属于民事案件，就算家属坚持追责，也不过是赔偿金额多少的问题，绝不会如男孩家属所说"一命抵一命"。

小男孩的父母选择将老人孩子留在老家，自己出去打工谋生，想必经济并不宽裕，司法诉讼无疑会增加他们的时间和金钱成本。王清华觉得与其让大家把精力花费在争论上，还不如让遇难者的家属多拿到经济补偿更实在些。

　　但是在几天前，鱼塘主与小男孩父母见面时，双方情绪都非常激动。王清华觉得在没有找到妥善调解方案的情况下，为了避免激化双方矛盾，短期内还是先不让双方再见面比较好。于是，他分别到小男孩家和鱼塘主家进行劝说。在这期间，王清华还吃了几次闭门羹。在王清华苦口婆心地劝说与摆明现实利害关系后，鱼塘主终于肯赔偿八万块钱给小男孩的父母。小男孩的父母也接受了这个调解方案。

　　事情得到了解决，但双方的心里都是不满意的。鱼塘主固执地认为自己不应该对小男孩的死负责，同意拿钱不过是自认倒霉；小男孩的父母觉得儿子的命比这八万块钱值钱得多。尽管双方都同意了王清华的调解方案，但其实他们心里都憋着一口气咽不下去。事情已尘埃落定，他们不好再找对方理论，但私下里都认为王清华偏袒了另一方。

　　王清华也看出了双方的态度，于是他在最后一次将两家人聚到一起的时候说："这是人命关天的大事，是一个活生生的孩子没了的事实。不像是婚姻矛盾、财产纠纷的人情债，这是人命！这种事既然已经发生，就注定是悲剧，悲剧不管怎么处理都不可能有一个圆满的结果。我们要做的，就是不酿成更大的悲剧！"

　　在王清华恳切又痛心的嘱咐下，鱼塘主和小男孩的父母也认识到了这一点，双方匆忙签了协议后，都默不作声地离开了。好在这对年轻夫妇又要进城打工，并没有太多与鱼塘主接触的机会，之后再没有矛盾发生。

⊙ 王清华获评全国"模范人民调解员"荣誉称号的证书

在连续奔波劳累了十几天后，王清华回到家躺在床上，反思着整件事情的前因后果。他认为在一个经济条件好、基础设施完善的村子里，这种悲剧发生的概率会变得很低。如果村子的基础设施足够完善，所有的鱼塘、水池、河流都有统一规范的管理，应该就会降低孩子溺亡的概率；如果能做好村民的普法教育，再面对类似问题的时候就可以避免村民用武力解决问题。要让村民的脑子里有知识、行为上有素质，要提升村寨的基础设施建设……只要口袋里有钱，这些问题都会迎刃而解。

已经过了而立之年的王清华，经历着更多的事情，思考问题也更加全面。他在调解每一次纠纷时都会进行思考，不仅要解决眼前的问题，还会从中总结经验和教训。为了避免同类纠纷再次发生，王清华总在绞尽脑汁地想办法、找途径，去提高自己的工作能力，去提升村民的生活水平。对此，他的妻子杜正莲曾不止一次既心疼又埋怨地说过："也没见谁像你这么累！"

入党守得金石开

时间在日常的洗洗涮涮、孩子的嬉笑跑闹中溜走，几年的时光匆匆流过。春季的黔东南，天气平和而温暖。谷雨过后，短短几天时间里，田野上就长满了绿油油的秧苗。傍晚时分，春霞色彩烂漫，铺陈开来，蔓延至西边的林野。王清华夫妇刚忙完田里的农活儿，正准备回家烧火做饭。

此时王清华的两个女儿已经放学有一会儿了，大女儿刚刚写完作业，开始帮着父母择菜、搬柴。村子里偶尔传来几声狗吠。忙碌了一天的夫妇，习惯在晚炊时分聊聊家中的琐事，王清华的妻子杜正莲却紧闭双唇，锁着眉头，一声不吭地往灶里添柴。

院子里砰的一声闷响，把王清华吓了一跳。王清华的妻子杜正莲却见怪不怪拿着扫帚出去了。王清华跟着妻子走到门外，发现不知道是谁从门外扔进来一块石头，落在不远处的酸菜缸边上。妻子将石头捡起来堆在门口，默不作声地回屋继续做饭。

"这是怎么回事？""你咋不说话？"见妻子不搭话，王清华继续追问。

"说什么？说你不在家的这些日子，隔三岔五就会有人往家里扔石头，说女儿在学校里被欺负、排挤，说我们娘儿仨出去都不敢跟人家搭话，就因为家里出了你这么个能干的'大委员'吗？"杜正莲把这一年来积压的委屈一口气全说了出来。

王清华这才知道，原来自己在外调解邻里间纠纷的时候，大家有时虽然表面上妥协了，不对他说什么，背地里却都把不满发泄到他的家人身上。两个女儿在学校里被同学孤立，妻子也被村里的妇女们排挤。

"你咋不早说呢？"

"说了又有啥用？你能不干吗？"

面对自己给家人带来的处境，王清华心如刀割，十分难受。他明白，自己的妻子虽然温柔贤惠，却不是一个没有主见的小女人。自幼丧父的杜正莲骨子里有一股坚韧刚强劲儿。在王清华担任村委干部的这些年里，妻子承担着家中大部分家务、农活儿，又默默忍受了这么多的苦楚，她一个字都没有吐露过，就是为了不让王清华担心和分心。如今一下子都说了出来，当真是赶在了气头上。

"你看人家扔了那么多石头进来，咱们家的酸菜缸还是完好无损，说明人家只是想发泄发泄情绪，并没有真的要对咱家做什么。"

杜正莲看着王清华笨拙又牵强的解释，不禁苦笑起来。

其实她也明白王清华这一路走来不容易。所谓"人前风光无限，人后甘苦自知"，杜正莲最了解自己的丈夫，她知道王清华也一定曾在某个瞬间想过辞职，但那只不过是一时冲动，要是真让他彻底放弃这份责任，王清华是做不到的。而自己最初所看中的，不也正是他的这份责任感吗？想到这儿，杜正莲便叹了口气，将碗筷摆到桌子上，不再提此事，淡淡地朝院子里的孩子们喊了一声："吃饭了。"

有了妻子的支持，王清华不再感到孤独。面对村寨中不理解、不支持自己的人，他相信只要全力付出，用真心迟早会换回真心。王清华充满了干劲儿，浑身透出天不怕地不怕的气魄来，一腔赤诚地希望自己能够早日得到村民们的理解和支持。此时，他还不知道一个会影响他今后人生道路的消息即将传来。

日子就这样一天天过去，太阳东升西落，候鸟南归北转，水田里的稻谷从秧苗长成粮食，油菜花谢了又开。时间是日月星辰的挪移，是四时雨雪的变幻，时间在农民日复一日的劳作中悄然流逝。王清华35岁了。

3年的时间，可以让一个充满稚气的大学生走出校园，进入社会摸爬滚打变成大人模样，也可以让幼鸟羽翼丰满，学会飞翔，在南北之间迁徙几个春秋。时间的有趣之处在于，无论将何人何事放置其中，它都会对其打磨与雕琢。时间让3年前刚进入村委工作时年轻拘谨的"小王委员"，变成3年后让人信赖的"老王主任"。

1993年7月，担任了3年调解委员的王清华凭借自己出色的工作能力与一颗为乡邻着想的真心，再次获得了寨碧村村民的信任。35岁的王清华正式被选举为寨碧村村民委员会主任。

村主任的工作事多且杂，每天只有5角钱的补助，还要兼顾家中的农活儿，养育2个孩子，若再兼任调解委员，王清华一个人实在忙不过来，脱不开身。村里本打算另选一个人来担任调解委员，但是调解委员的补助只有2角钱，村里实在没有人愿意去做这个既得罪人又没油水的差事。对此，用许多寨碧村老人的话来说就是："别人都吃不下这碗饭。"于是，刚刚担任村委会主任的王清华不得不在主持村中大小工作之余，继续兼任调解委员。

王清华虽然有时候也会感到痛苦和迷茫，但是他始终是乐观的。妻子杜正莲对他工作的支持，也让他充满前进的力量。殊不知，风雨磋磨方可见彩虹，这些困难和挫折就像是考验，等到历尽风雨之后，终会开花结果。

组织上批准了王清华的入党申请。1993年9月9日上午8点，王清华身穿白衬衫，庄严地面对着党旗宣誓。

"我志愿加入中国共产党，拥护党的纲领，遵守党的章程，履行党员义务，执行党的决定，严守党的纪律，保守党的秘密，对党忠诚，积极工作，为共产主义奋斗终身，随时准备为党和人民牺牲一切，永不叛党。"

守得云开见月明，星光不负赶路人。王清华光荣地成为一名共产党员。在这一天，王清华所有的努力得到了见证，在党徽面前，所有的委屈都不值一提。党员的身份让王清华在此后遇到困难的时候，不再感到孤独和迷茫。这种充满归属感的力量，牵引着他，让他为之欢喜，为之落泪，为之憧憬，为之振奋，为之经历诸多困难不改初心，为之不休不止奋斗终身。

扫码解锁

◉群英颂歌◉致富为民
◉振兴乡村◉奋斗底色

 第四章　起起落落守初心

扫码解锁

◉群英颂歌◉致富为民
◉振兴乡村◉奋斗底色

文润国强智启寨

教育是一个民族的基石。少年时期失学的经历让王清华一直耿耿于怀，加之多年打理村中事务，让王清华更加深刻地意识到，许多悲剧都是村民的文化素质不够高造成的。

多年协调处理村民纠纷的经历让王清华深深地意识到，提高村民素质与受教育程度，尤其是青少年受教育程度的重要性。他下定决心要在村里办一所学校。

在这之前，寨碧村的青年读高中的比例还不到1/10，曾经的寨碧小学房檐长满了茅草，已经成为危房，偌大的学校只剩下17名学生。学习知识也许不能让一个人大富大贵，但可以提高村民的素质。在这个大多数人都不认识字的村寨，仅仅维修寨碧小学也许并不能让孩子们走出大山，成为城里的"金凤凰"，但是至少可以让孩子们有学上，明是非、懂道理。

1994年，黄平县下属的两岔河地区进行水库建设，政府协调附近的村民搬迁，其中有96户村民搬到了寨碧村。同时，政府根据当时的县政府文件收回了部分土地。土地是有偿收回的，按照优、中、劣三等，每亩地村民分别可以领取5000元、4000元和3800元。

参与调整的土地农户中有22户属于农转非，考虑到这部分村民都是自小生长在这里，祖辈亲友都在这里，以后也许还会回来，所以作为乡愁的寄托，村里还给每户留有1亩左右的农田没有收回，这部分地既可以出租、转租，也可以自种。与此同时，村委会决定将国家给的调剂费的25%分配给这些农户，25%分配给小组，50%由村集体使用。

经过寨碧村村委及党组织开会研究决定，要把村集体的土地调剂费的50%用于维修寨碧小学。

提高全民教育水平，可以说是百年大计，此事迫在眉睫。于是，就在1996年春节的前几天，王清华宣布了这个重大的决定——维修学校。这一决定却遭到了部分村民们的反对。为此，王清华和他的家人甚至没有过好这个春节。

当时的寨碧村并没有一个正式的村委会办公地点。但凡村中有事需要商议，都在村中的一个祠堂办公。杨家是寨碧村的大家族，杨家祠堂也是村中最大的祠堂。村民之间出现矛盾纠纷需要大家共同商议解决时，往往都要聚到杨家祠堂。

2月末正是云贵高原一年中最潮湿阴冷的时候。祠堂是用木板搭建的房屋，因为常年没有人居住，所以年久失修，又四处漏风。王清华一早就来到了杨家祠堂，简单地打扫了房屋的蛛网和积灰。

一想到自己因为村寨工作所遭受的误解和即将面对的责难，王清华心中五味杂陈，有些哭笑不得。要是人人都能讲得通道理该有多好啊。有了学校，让孩子们受教育、学知识，既可以帮他们走出去看世界，也可以让他们用更先进的技术种地或者进行养殖，不论留在家里发展产业，还是外出打拼都可以有知识傍身。办学校对寨碧村来说是百利无一害的事，怎么就获得不了村民们的支持呢？想到这，王清华更坚定了要提高村民素质与办学校的决心。

"这地是我们的，钱是我们的，怎么能给你修学校呢？"

"土地是集体的。属于你们的钱已经发下去了，剩下的是集体的。不是给我修学校，是在咱们村里修学校。这是千载难逢的好事啊。你们想，有了学校以后咱村里的娃娃上学就方便了。"

"这不公平，我家里没有要上学的娃娃。谁家孩子要上学，谁家把调剂得来的钱拿来维修学校。否则我们不同意！"

寒风呼啦啦地从木头窗缝隙吹进来，直吹到人的脖颈里，人们都缩着脖子说话。王清华耐心地做出解答，但是面对一心不同意建学校的村民，再多的解释都是无用的，因为根本没有人认真听他讲话。大家不过是把自己的不满发泄出来，有的胡搅蛮缠，有的看看能不能趁机占点儿便宜，还有的不发一言、随波逐流。总之，村民们好不容易找到的发泄口，怎会轻轻松松就被所谓的"道理"二字堵住。

今天可是大年三十啊！村里人闹得这样凶，他们认定王清华"贪赃枉法""以权谋私"，甚至把各种毫不相干的帽子不断地扣在王清华的头上。眼看着天就要黑了，那些被挑唆来的村民开始陆续离开，剩下几个牵头的顽固村民还蹲在这里不肯走，也不放王清华回家过年。

这时，吱嘎一声，祠堂的木门从外面被推开了。原来是迟迟不见丈夫回家的杜正莲找到祠堂来了。这个寡言少语的女人，一字一句地对着里面的村民说道："既然你们不肯听我家男人讲，他就没必要同你们讲了。你们去告吧，让他带着你们去告，去旧州镇、黄平县、凯里市告，让组织来审查他吧。"说罢，杜正莲拉着王清华起身离开。没有高声喊叫，没有撒泼哭泣，系着碎花蓝布围裙、梳着农村已婚妇女常梳的低发髻、嫁到寨碧村多年的杜正莲，说起话来甚至还带有娘家上塘镇的口音。但是她不卑不亢，温和的语调里面有种坚决的态度，她说完，那些胡搅蛮缠的村民们竟陆续散去了。

王清华总算能回家过年了。可是他深知事情不会就此结束。所以大年初三一早，天还蒙蒙亮，王清华就走在去往县政府的路上了。冬春之交的山风最为湿冷凌厉，又赶上下冻雨，年近不惑的王清华一路走得磕磕绊绊，他已经不是二十来岁的小伙子了，身体和精力都大不如前。但是一想到前方也许是孩子们的前程，王清华立刻又打起精神来。

下了冻雨的山路在下午两三点钟开始打滑，此时王清华正在前不着村后不着店的半山腰。王清华不得不继续向前走，他在路上捡了一根木棍做拐棍。到了晚上六点，山路总算走完了，王清华到达了黄平县政府。

此时正值春节假期，政府大楼里没有人办公。王清华直接找到了县委书记的家，好在当时的县委书记付奇志在家，人大常委会副主任夏思萍也在，王清华顾不上让身体暖和过来，便对县里的领导说明了村里的情况。付书记立即许诺，安排人初八到寨碧村了解情况。

在证明王清华是清清白白办学校、一心为寨碧村着想之后，县政府委托公安部门到村里劝阻了那些想要借此机会闹事的人。在当地政府的理解和大力支持下，孩子们总算得以在寨碧小学上学了。

2011年，按照县里统一规划，将寨碧小学并到红梅小学，该校旧址闲置几年后，于2016年，黄平县纪念高中的教学楼在寨碧小学的旧址正式破土动工。本着做教育为学生的原则，王清华不租土地给商户，不将学校办成营利场所。在同样怀有一片赤心，情系山乡学子的胡校长的资金支持下，崭新的红色宿舍楼、教学楼、食堂纷纷建立起来。

经过王清华不懈的努力，黄平县教育局批准了寨碧村的办学资格。办学许可证下来后，黄平县纪念高级中学正式开始招生，陆续有学生报名进入学校学习。但是好景不长，一山闯过一山拦，又一件让王清华头疼不已的事情发生了——虽然县里批下了招生指标，但是州教育局的实地考察结果却不合格。

两个月后，两辆黑色轿车停在校门口，几个穿着黑色西装的领导突然造访。噔噔，噔噔……鞋底击打地面的声音在寂静的走廊里显得异常刺耳。此时，正是孩子们上自习的时候。

"这学校也太潦草了，处处都不规范。"

"这样小的学校，怎么能招收学生呢？"

回荡在校园里的、与走路的声音相伴传来的是一个领导评价和王清华略带恳求的回应："您要理解我们处境艰难啊！"现实因素和学生成绩摆在那里，这是任何人都不能否认的。

来自周围各地的落榜生或因生病影响学业，或受家庭意外影响，或因单纯的青春期迷失，这些学子如今想要再一次选择他们人生而来到这里。这所收费不高、规模不大、生源不好的学校是许多学生再次努力的机会。而这里的老师基本上都是从本地考出去又选择返乡支教的师范生。教学楼上"情系山乡学子"的金色大字与朝阳辉映闪烁，形成一道明亮的光影，闪亮亮地照耀着许许多多山村孩子的未来。

但是，州教育局考察后，坚持要拆掉这所村里的学校，收回他们的办学资格，准备将这个学校合并到县里去。王清华为此殚精竭虑，四处奔走，从黄平县到黔东南州、到贵州省，他态度谦虚，本着寻找问题、解决问题的思路，一心只想为学校求得生存之地。王清华的一片真心与努力，感动了教育部门的许多领导，也得到了他们的支持。

"有问题就改嘛！人家学生学得好好的，为什么要撤回学校的办学资格？"

"这所村子里的学校没有花费县里一分钱！一草一木、一砖一瓦都是村子里自己筹办的。"教育部门的领导们一言一语地说道。

学校好不容易获得生机，王清华绝不允许这个地方再次变成一片败落的景象。所以在取得县教育局领导的支持和肯定后，他与胡

⊙ 全县第一所村级民办高中——黄平县纪念高级中学

⊙ 黄平县纪念高级中学一角

⊙ 王清华（右二）与胡国军校长（右一）在黄平县纪念高级中学的留影

校长积极配合解决州教育局提出的问题，对学校进行整改，哪里不合格改哪里。办学不能忘初心，皇天不负有心人。在州教育局的再次审查中，黄平县纪念高级中学改掉了之前提到的所有问题，州教育局也终于认可了这所学校。

"窗竹影摇书案上，野泉声入砚池中。少年辛苦终身事，莫向光阴惰寸功。"如今的黄平县纪念高级中学有八个班级，汇聚了来自不同村寨、县、市的上千名学子。远远望去，处在山坡上的学校在日光中辉煌矗立，操场上红旗飘扬。校门口的山桃花开得正盛，这里鸟雀成群，黄鹂啁啾。从学校阅览室向外望去，仰看是绵延的青山，俯瞰是菜畦和水田，其间各种花果点缀，足球场、篮球场等一应俱全。清晨，高三的学生们都喜欢到学校后院原生态的青草地上进行晨读和晨跑。这里真正成了许多学子向往的"世外桃源，书声琅琅"的山中书院。

这一路上，有胡校长的坚持不懈，有老师、学生、家长的信任，也有当地村民的扶持和肯定，更有王清华的奔走与信念，这些因素共同成就了今时今日的黄平县纪念高级中学。至此，王清华的办学记总算是告一段落了，但他奔波与辛苦的生活还将继续，一个又一个挑战在等着他。

箪食豆羹不改其乐

　　春华秋实，岁物丰成。夏蝉冬雪，农时转换。农民在与土地打交道的过程中，形成了简单朴素的追求与品格。祖祖辈辈都是农民的王清华，在他二十几岁的时候，从没想过自己会成为村干部，那时他和全天下的农民的儿子一样，盼望着做一个称职的丈夫与父亲，保护好妻子和孩子，照顾好自己的小家。

　　可是每当自己的小家遇到问题时，王清华都清醒地意识到，这不是自己一家的事，而是整个村寨，甚至旧州镇、黄平县、黔东南州共同面对的困境，比如水、电、路。而这些，靠自己单打独斗地蛮干是不可能解决的。所以从为保留寨碧村通往外界的唯一道路去县政府寻求解决办法，到被选为调解委员处理村寨中的各种矛盾与纠纷，再到连任寨碧村村主任，在不知不觉中，王清华一点点超越了自己的初衷，也脱离了自己的小家。

　　2000年，伴随着零点的钟声敲响，窗外礼花飞到高空中绽放。鞭炮声此起彼伏地震击着人们的耳膜，大家热烈欢庆，迎接千禧年的到来。

进入新世纪，"00后"登上历史舞台，中华大地也进入了一个新纪元。

2003年的初秋。几场冷雨过后，枫树叶子都变成了红色，黔东南的山林间开始有了些许凉意。王清华已经担任村干部十多年了，这也意味着他已经将家庭的责任抛给妻子十多年了。

金秋9月，正是黔东南州秋收的时节，割完了稻谷要打豆子，磨完了苞谷要收辣椒。王清华的孩子们已经长大了，大女儿已经二十一岁了，眼看着孩子到了谈婚论嫁该成家的年龄。四十五岁的王清华突然意识到自己有些力不从心了。

"我们娘儿几个不求大富大贵，我多干点儿活儿少干点儿活儿也无所谓，可孩子们都快结婚了，你总不能一直这么不管家里，让孩子也为你担惊受怕的。"杜正莲对王清华说。

"你也一把年纪了，整天为这些事劳碌，到头来也得不到几声好。就算得了众人一声好，又能怎么样呢？不如咱们关起门把自己的日子过好。"

"你知道，从结婚到现在，你做什么事我从来没有说过一个不字。我知道你心里是咋想的，可是你为村里操劳了半辈子，也算对得起大家了。"

炊烟袅袅，熏肉的柴火味游窜在房屋周围，王清华低着头扒饭，一声不吭。他不再是二十岁稚气的青年，也不是三十岁气盛的汉子，听着妻子字字在理，又句句恳切的劝说，两鬓已经生出白发

⊙ 王清华（后排右三）的全家福（2005年）

的王清华终于做出了决定——辞去村主任这一职务。

2003年，王清华告别了工作13年的寨碧村村委会。

辞去职务的王清华日子过得很简单。他有了更多的时间陪妻子和孩子，也有时间做生意了。

平心而论，肩上没有了村主任的责任和担子，王清华与村里人变得亲近了许多。他见识了外面的世界，也感受了许久不曾体验过的轻松。可是村子发展得不好，人们还是没有办法致富。王清华的心始终牵挂着寨碧村。

这种困扰伴随着王清华，让他的内心既轻松又疲惫，既简单又复杂，充满了矛盾。妻子杜正莲看出了丈夫的不对劲，只能默默地关心他。时间就这样过着，没有了困难和挑战，也就失去了斗志，人很快就显出老态了。

几番起伏回归村委

辞去了寨碧村村委会的工作后，王清华的生意做得十分顺利，甚至可以说是顺风顺水、风光无限。但是他的心里始终有一个心结：如今自己家中的经济状况好转了，可寨碧村的许多村民依然贫

⊙ 寨碧村一角（2000年）

穷。想到自己的乡亲还挣扎在贫困线上，王清华心里十分不是滋味。他所想的一直都是带领全村人一起致富，如今自己一家一户富起来算什么呢？

要一户带十户、百户，最终带动全村、全镇、全县致富，要以一灯传诸灯，终至万灯皆明。可是自己如今不过是一个平头百姓，又有什么号召力去带领乡亲们呢？每每想到这里，王清华总是充满了遗憾。

2004年清明节前后，王清华带着妻子和孩子给先人扫墓。晚上，王清华迷迷糊糊地睡着了。夜里，窗外雷声大作，暴雨敲打着玻璃，也清扫着树木的枝叶，发出不连贯的砰砰声。王清华被雷雨声吵醒后再不能安睡。他记挂着寨碧村，村里的人是他的叔伯婶娘，是他的弟妹子侄，是他的乡亲。

或许是命运的机缘巧合，又或许是冥冥之中的天意安排，没几天，黄平县人大常委会主任雷安华找到王清华，请王清华回村里参选村主任。

王清华受宠若惊，却还是有所顾虑。人有时候就是这样，有些事在没有发生时可以无所顾忌地想象，但是一旦自己的面前确实有了这个选项时，反而犹豫起来，茫然无措，不知道应该怎么办。

这样贸然回去，自己的事业怎么办？妻子会不会反对？自己能不能得到村民的支持？就算是得到了支持，自己又能做什么实事呢？一旦做出承诺，能不能保证实现？这些问题困扰着四十六岁的王清华。

"回去吧，村子里需要你这样能干、敢干的干部！"

看到县人大常委会主任雷安华恳切的样子，始终牵挂着寨碧村的王清华答应回去参选村主任。但是没想到，村中发生的一件事，将王清华的热情浇灭了大半。

村干部选举活动在杨家祠堂举行，在村民们的呼唤声中王清华也参与了这次选举。寨碧村的村民几乎人人都投了他一票，但是没想到王清华却落选了。原来是在过去的一年里，村委会的干部不作为，村寨的话语权逐渐被当地的几个大家族垄断。他们在选举中暗箱操作，明晃晃地将写有王清华名字的选票废掉。

旧州镇党委得知此事后，立刻派干部肃清了这次选举的违规行为。10个月后，选举再次举行。王清华以全票当选为寨碧村的村主任。再次当选村主任，回到熟悉的岗位，王清华心中五味杂陈，波澜起伏，有激动、有欢喜、有感动，也有惶恐。已经年逾不惑的王清华所能做的，无疑只有将自己的全部心血更加深沉地投入这片土地。

上任后的王清华并没有说太多冠冕堂皇的话，只是简单地从道路和桥梁的修建、饮水问题、通信问题、危房改造和村民创业等几个方面向乡亲们做出承诺。

没有长篇大论，却句句恳切，句句落在寨碧村村民的衣食住行上。王清华很珍惜这次回归村委会的机会。已经过了不惑之年，即

⊙ 寨碧村全景（2022年）

将迈入知天命的年纪，他不容许自己再虚度光阴，所以带着这份计划，开始了寨碧村的建设之路。

春有百花秋有月，夏有凉风冬有雪。山桃红后油菜熟，满山珍宝无草芥。出门不必泥沾脚，山道自有沥青路。三层洋房排成排，家家户户水电来。这是今时今日的寨碧村，也是王清华与寨碧村村委会其他成员数年如一日攻坚克难、坚持不懈才实现的理想。

 第五章　实业兴村抓建设

扫码解锁

◉群英颂歌 ◉致富为民
◉振兴乡村 ◉奋斗底色

发家致富先修路

自古以来，山路难行，阻隔了许多离家的游子，劝退了无数外出求学的少年。李白曾用"蜀道之难，难于上青天"道出蜀道之险峻。云贵高原山地密集，在没有修路的年月里，不亚于蜀道之难。行路难，修路更难。在贵州黔东南的大山里，想要在毫无基础的黄土与砂石上修出一条人车畅通的结实道路，难度也不亚于"上青天"。

随着科学技术的不断发展，稻谷、果蔬的种子和种植技术不断更新迭代，许多农产品的产量实现了较大幅度的增长。生产力的提升解决了人们的温饱问题，但是山区道路不通，运输困难，山里的药材、粉条、米酒等产品没有销路，很难流通出去，对村民来说是个巨大的难题。此外，随着全州危房改造计划的开展，许多外出打工的人纷纷回到了家乡，希望能够在家乡盖一所结实的新房，可是外面的水泥砖瓦却运不进来。加之进入新世纪以后，村子里老年人与孩童人数有所增加，孩子上学难、老人看病难等问题也无时无刻不在困扰着山区的村民。

"出"与"进"的困难，像是两座无法挪移的大山世世代代地压在寨碧村村民的肩头，让辛苦耕耘的村民们只能在家园遥望沿海城市迅速发展，而无力奋起追赶。

2004年，王清华到黔东南州扶贫办申请了18万元的专项扶贫资金。18万元的拨款批文拿在手里，仿佛重如千钧。王清华心头涌现许多件大事，修桥、修路、引水，这些都与百姓的生活息息相关，哪件都不能落下。可是钱不够，怎么办？俗话讲，车到山前必有路，船到桥头自然直。可黔东南的大山中偏偏就是没有路，王清华只能带领村民们从零开始摸索，走一步看一步。在深思熟虑后，王清华作出了先修路，后修渠的决定，力争让寨碧村"路相通，水相连"。

"泾溪石险人兢慎，终岁不闻倾覆人。却是平流无石处，时时闻说有沉沦。"舟行水上，常常会在风平浪静的时候突发沉船的事故。所谓节外生枝，有时候意外会在我们没有想到的地方发生。修路是关乎村民生活、老人就医、孩子上学等的大事，涉及经济、安全等方方面面的问题。在修路的过程中必然会遇到种种困难与阻力，这一点王清华心中早有准备，但是村民们的集体反对，让王清华有些措手不及。

"修路要惊动山神呀，弄啥子哦！"

"算啦，不如给大家分点儿钱实在，咱们祖祖辈辈都是这样过来的！"

　　"谁张罗肯定是谁有好处嘛。"

　　这明明是一件惠及全体村民、造福子孙后代的事情，寨碧村却有许多人不同意，认为会破坏村子的风水，还有些村民认为王清华从中得到了好处。王清华挨家挨户地做工作，还将工程队的施工预算与账目全部公开，张贴在杨家祠堂门口，任由大家翻阅查看。但是在解决了这些问题之后，村民们还是迟迟不肯支持修路。面对着支支吾吾、顾左右而言他的老人们，王清华终于明白了其中的原因。

　　修路是要占地的，没有人愿意将自己家的地让出来。土地是农民的根，尽管大山阻隔了交通，让人们的衣食住行处处受到掣肘，但是要用珍贵的土地去换道路，村民们还是舍不得。王清华知道，村民们一天不点头，道路施工队就一天不能开始作业。在大山里修路难，不仅在于山路曲折险峻，要实现技术上的攻坚克难，还在于动工、用料、占地等问题，处处要钱、要人、要物资，种种现实因素纠缠在一起，往往牵一发而动全身。有多年工作经验的王清华知道，这条路要想顺利修成，必须得到村民们的支持。

　　为了能尽快动工，王清华与施工队的人一同设计了修路路线，尽量减少对农户个人土地的占用。对坚决不同意让出土地的农户，王清华挨家挨户做思想工作，提出了用集体土地作为补偿的方案。王清华白天忙着跑物资、考察地形、做规划，忙碌了一天之后也不休息，还要去劝说和动员村民。王清华拿出了当年做调解委员时的十二分力气，苦口婆心地劝说大家，告诉村民们这是一件功在当代、利在千秋的好事。但即便这样，还是不可避免地会出现一些顽固的村民。这本就是一件个人利益让位于集体利益的事情，寨碧村里大多数村民都是理解和支持的，却总有一些人不肯让步。

水流千里归大海，皇天不负有心人。王清华的一番努力换来了大部分村民的支持，被占用土地的几十户村民也全部同意了。施工队将要破土动工了，但前方又有新的难题在等着王清华。

黔东南多雨，且当地多为红土，土质疏松，不像黑土一样质地黏稠。修路工人挖掘上层土地会使底部的土层松动，遇到雨水土地更加容易流失。寨碧村进入汛期和雨季时，大暴雨经常来势汹汹。但贵州就是这样"地无三尺平，天无三日晴"的气候环境，雨来得快，去得也快。要到秋冬两季雨水才能少些，难道这几个月就不施工了？

王清华拿着施工队的图纸，心中盘算着赶早不赶晚，说干就干。好在施工进展顺利，接连几个月白天全是晴天，下雨都在夜间。王清华想着工程早一天结束，自己悬着的心便早一天落地。眼看着就要竣工了，却发生了一件险事，至今让王清华心有余悸。

这天早上，天气还很晴朗，中午过后，乌云遮蔽了大半的太阳，天阴了起来。云彩游动，偶尔有阵风吹过，也会射出几道阳光来，所以谁都没有放在心上。直至下午两三点钟，黑云逐渐聚集成一整块，遮挡着太阳。紧接着，一道电光闪过，轰隆隆的雷声响起，顷刻间，雨水瓢泼而下。

"发生山体滑坡了！"

一声惊呼，人们向远处望去，山腰处一整块土层正裹挟着泥沙缓缓流动而下。帮助寨碧村施工的修路工人们来自天南海北，有一些还不适应山地的气候环境，看到远处的泥沙落下，吓得魂不守舍。有着多年山地生活经验的王清华和施工队队长保持镇定，告诫大家不要惊慌，他们判断出最佳的逃生路线，迅速组织工人有序地撤离了现场。幸好有惊无险，没有造成人员伤亡。

"物有甘苦，尝之者识；道有夷险，履之者知。"道路通了，这只是建设寨碧村的第一步。距离寨碧村实现脱贫、发家致富奔小康还有很长的路要走。在带领村民一步步谋发展、找出路的过程中，王清华吃尽了苦，操碎了心。但冰冻三尺，非一日之寒，实现农业农村现代化的目标也不是一时能够完成的。今朝四通八达的沥青路，是寨碧村走出黔东南、走出贵州，走向富裕的基础。而其中的辛苦滋味，夷险冷暖，只有王清华自知，但他甘之如饴。

用水须有修渠人

不当家不知柴米油盐贵，不为官不知乡村治理难。成为村主任的王清华就是寨碧村的"家翁"，面对许多亟待解决的问题，王清华感到肩上的任务越来越艰巨。

2005年12月，王清华正式被任命为寨碧村的党支部书记，同时继续兼任村主任。与村主任的工作重点不同，党支部书记在村寨的思想政治、作风纪律等方面都起着重要的作用。党支部书记是支部党建的第一责任人，有了更多的权力，也意味着要承担更多的责任，王清华感到肩上的担子更重了。

对寨碧村来说，吃水难已经不是一天两天的事了。在当时有很多村寨的村民吃的都是地下水，这种水中含有硫，它们像铁锈一样呈红黄色。寨碧村的地下水少，又地处下游，村民们能用到的水都是被上游村寨使用过的污水。到了春夏时节，气温上升，老百姓日常倾倒的泔水、牲畜棚里的粪水等都渗透进砂石中，导致水质更差，喝起来有一股腥臭味儿，寨碧村的村民们就是一直吃这种水。到了干旱的时节，甚至连这种水都吃不到，只能去很远的地方排队挑水吃。用水难、吃水难的问题已经在寨碧村存在了很多年。老百姓们也对此怨声载道，多次向村委会和县里反映，但是始终没有得到彻底解决。

王清华决心要改变寨碧村吃水难的现状——他决定修建人饮工程及灌溉渠道，力争实现全村30个小组的自来水全覆盖。集群策、集群力的好处在于可以做更大的事情，问题是如果人心不齐，就需要牵头的人承担更多的责任，这又是一件费力不讨好的差事。

为了使工作顺利开展，就要充分调动村民们的积极性，王清华特意召开了村民代表大会，并单独成立了"人饮工程及灌溉渠道领导小组"。整个领导小组的人员聚在一起共同制订施工方案，选取两个财务人员分别管理账目，所有人一同参与施工计划。为了避免账务不清给群众带来误解和猜疑，施工小组的领导与财务人员都是由村民自己选举出来的，整个选举过程清白、透明。

万里长城不是喊口号喊出来的，引水修渠不仅需要人，还需要钱。多少个贫困村都眼巴巴地望着县政府，当地政府也拿不出那么多钱，王清华便想办法发动村民凑钱修渠。这毕竟是涉及寨碧村老百姓自己生活质量的事，在王清华的劝说下，刚开始每家每户出300元，后来又均摊了180元。王清华又到扶贫办申请了6万元，还到浙江等地找富商拉资助，就这样凑足了50万元。资金够了，王清华开始正式着手推进建设人饮工程及灌溉渠道。

"当代愚公"黄大发带领村民劳作36年终于把通往村子的水渠修好，解决了当地吃水和用水的问题；"大山的女儿"黄文秀孤身一人扎进广西，坚持在一线帮助当地村民脱贫。中国共产党党员的力量不仅在于他们的伟大，还在于他们的平凡。褪去光环和使命的他们，就是一个普通人，他们以一己之力，逐梦山乡，迎难而上，攻坚克难。

这次，有了修路经验的王清华在开始他的修渠计划之前，就做了充足的准备工作。他组织寨碧村的领导班子多次开展研讨会，制订修渠计划，在整个过程中广泛征求村民的意见，及时向上级汇报问题，对资金使用情况和施工进度定期公示。

"政如农工，日夜思之，思其始而成其终。"王清华从农民的角度出发，兢兢业业，也勤勤恳恳地做事。事实证明，他的态度和选择都是正确的。

寨碧村缺水主要是受地势影响。寨碧村处于朱家山俯冲下来的缓坡，属于丘陵地带。河水在底部，源头在高山，高不成低不就的地势使得这里天然缺水。要解决全体村民的用水问题，寻找到优质的、位置适宜的水源至关重要。虽然寨碧村附近有舞阳湖、红梅河等水源，但这些地方的水位低，不足以供给寨碧村所有人的日常使用。因此领导小组确定了"先找水，后修渠，再引水"的工程计划。为此，王清华特别成立了一个找水小组。

2007年3月，动物冬眠期刚刚结束，树木开始长出绿芽，正是万物复苏的时节。28日的上午，天刚亮，王清华与找水小组的技术员们就出发了。他们沿着红梅河的上游行走，自己带着干粮，背着仪器，在山中寻找可以引入寨碧村的生命之源。

初春时节，春寒料峭，王清华一行人沿着红梅河向上走，整整一个上午都没有找到适合的水源。他们不知不觉就走出了黄平县，到了黔南州瓮安县的朱家山地界，在走到洋码头水库的时候，前方突然变得逼仄，没有路可以走了。因为正值开春，悬崖峭壁上的树木也开始长出新叶。攀岩的绿蔓压着枯藤，是新生，也是延续。眼前一面是山崖险峻，一面是百尺深渊，王清华他们只能沿着水库的边沿攀爬过去。因为有多年的农村生活经验，找水小组的人带了镰刀上路，他们将挡路的荆棘砍掉，一点儿一点儿地向前挪动。

"大家小心啊，马上到了！"

就在找水小组马上要走出库区时，随着一声惊叫，一个黑影跌落，王清华顿时吓出一身冷汗。

"怎么回事？"

"看看少谁了？"

"大家不要慌。听听下面有声音吗？"

几分钟后，谷底传来一个虚弱的声音。跌落的是找水小组的成员刘其林。他在跟着大部队向前走的时候，因为有新叶遮盖，不小心抓到了一根枯木，木头折断，他便失足掉下去了。万幸刘其林掉入水中，他本人又通水性，所以只是擦破了点皮，没有生命危险。王清华他们终于放下心来，立刻下到谷底去接应他。

尽管田野里已呈现出新绿的景象，但河水还是冰凉刺骨的。加上山风凛冽，掉到水里的刘其林衣服都湿透了。此处是荒郊野外，前不着村后不着店，没有人家居住，无处换衣避寒，如果刘其林一直穿着湿透的衣服吹冷风，很有可能会发高烧，甚至会有生命危险。王清华他们纷纷脱下自己的衣服给刘其林披上，又拢起火堆、架起木头为刘其林烤火。

此时已经是下午三四点钟，日光开始偏斜，峡谷的深处暮气萧萧、寒冷阴森。大家都已经筋疲力尽、饥肠辘辘，但是既然已经走到此处，便只能硬着头皮继续向前走。

过了一个小时左右，他们爬上了一个瀑布的顶端。从上面向下俯瞰，白色的水花击打在石壁上，飞射四溅，甘洌清澈。王清华立刻叫技术员拿出仪器，测量这里的水位。

"水位最高点比我们高出6米多！"

"支书，够了，够高了。"

"我们有水了！"

随着技术员的一声声高喊，大家激动万分，不由得拥抱在一起。晚风瑟瑟，山花飘零，他们喜悦的呐喊声回荡在整个山谷中。此时，天色已晚。

　　王清华一行人是沿着水库边上的峭壁爬过来的，如今想要回去肯定没有路。天又黑了下来，此时他们正处于山中瀑布的最高点，眼前只有一条路可以走到山顶，他们只好继续向前走，等到山顶再辨别回家的方向。当他们好不容易爬到山顶，回身远望，看到下游灯火通明的寨碧村。王清华他们心里充满了甜蜜，他们重新振奋起来，一步步地向着家的方向走去。

　　找到了水源，马上就可以施工了，但是王清华又遇到了新的麻烦：水源地所在的村子不同意他们修渠引水。

　　"我们村子只是修一条渠，引一些水，并不影响你们的使用。"王清华恳切地解释道。

　　因为取水点出了黄平县界，这件事很难协调。但是寨碧村人历尽千辛万苦才找到水源，怎能轻言放弃？王清华找领导、找单位，四处恳求，日日为之奔走。在王清华的努力下，临县领导们也不忍拒绝，取水点终于批准了，工程队正式开始施工。

　　四五月份，正是农忙的时候，许多村民也存在消极情绪，不愿意去帮工修渠。此时国家也有政策，不允许村集体分摊劳动，给村民增加负担。但是这样大的工程，如果没有村民共同参与，单凭那几十万元的集资款是远远不够的。为此，王清华再次动员，积极协调大家参与修渠的时间，自己也以身作则，与妻子一起早出晚归参与修渠工作，带头干活儿。

　　春耕时节，斜阳晚照，黄牛在草地里打哞，黄蜂围着油菜花打转，刚放学的孩童们则拎着菜筐在田坝上寻找刚钻出来的折耳根。因为要收拾大家修渠用的工具，做收尾工作，王清华与妻子经常是最晚收工回家的。有时候来不及做饭，他们夫妻二人到家后就随便吃上一碗开水泡米粉，然后便倒头大睡，以迎接第二天的劳动。

寨碧村的村民们参与修渠，虽然说是为自己饮水方便，但也属于集体劳动，干多少活儿全凭良心。长时间共同劳动，邻里之间偶尔也会发生些小摩擦。调解这些问题又是一件劳心劳力的事，但是大家看到王清华的付出与辛劳，都不忍给他增加苦恼和负担，也就不再争执。王清华的孩子们早已成年，不仅可以照顾自己，还非常理解、支持父亲的工作。他的小女儿经常用"功在当代，利在千秋"来安慰他。

王清华的妻子杜正莲知道丈夫做的是一件为村民谋福利的大事，尽管口口声声埋怨丈夫"就是一个劳碌命"，但还是十分支持丈夫的事业。这个庄户院里长大的女人，走起山路、推起土车来也毫不含糊。她给在施工队干活儿的村民们送水送饭，还组织妇女们一起帮忙，做些搅拌水泥、运送泥沙等力所能及的事。

历经大半年，寨碧村的人饮工程及灌溉渠道彻底竣工，自来水管也终于修好通水了。

晚风习习，蛙鸣一片。清澈、甘甜、充沛的水流源源不断地从远处涌来，流进寨碧村村民的家里。从此以后，寨碧村的村民无论是日常吃水、生活用水还是灌溉田地的农事用水问题都得到了解决。老百姓再也不用喝苦涩的"黄泥汤"，也不必看老天爷的眼色讨水吃了。有了通畅的水泥沟渠，也有了先进的进水与排水系统。寨碧村的水田实现了旱涝保收，村民的生活质量提高了，生产力也实现了新的跨越！

"衙斋卧听萧萧竹，疑是民间疾苦声。"习近平总书记多次在讲话中提到不要忽视基层干部的力量。尽管此时的寨碧村还没有一个像样的村委会办公地，村支书王清华却时时刻刻不敢忘记自己的责任与使命，村里百姓的"一枝一叶总关情"。此次寨碧村人饮工程及灌溉渠道的完工，就是王清华对其所作承诺的最好兑现，也是一个村干部能量的最大展现。王清华用自己的亲身经历与实践证明，只要有心、有胆，只要想为村民做实事，一切困难都能克服，一切挑战都不足以让人心生畏惧、有所胆寒。从筹钱集资，到攀越险山，再到辛苦修建，这些是一个村支书最朴素的工作内容，也是共产党员最坚韧的底色。

建成村级产业园

中国的乡村治理从历史上的氏族族长、乡村士绅主持村务，发展为今天的党领导村级支部建设工作，在根本性质上发生了改变。这种转变使得村寨里的"领导"不仅要关注村民的日常生活，还需要将目光和目标放长远，结合时代环境，紧随时代潮流，做大胆的追梦人，将中国梦与个人的理想相结合，将村寨的发展与民族的未来相结合。村支书们需要具有历史的眼光与魄力，要上心、用心、尽心，要敢想、敢做、敢干。

村支书一直以来是农村百姓的主心骨与当家人。在寨碧村这个大家庭里，王清华是当之无愧的大家长。老人们的殡丧择日要找他，年轻人的新婚主持要找他，无论是盖房、种田，还是娃娃上学，人们的衣食住行全都要找他。这些年的工作经历让王清华养成了事无巨细、事必躬亲、事事深思熟虑的习惯。

王清华认识到，这些年村寨里普遍发生的青年劳动力流失、留守老人与留守儿童增多、老人看病难、孩子上学难等问题归根结底还是因为贫穷。贫穷，是大山深处的顽疾与痼疾。

所以在解决了道路、桥梁与用水等基础设施问题后，王清华着手进行产业建设，集中精力搞经济。村寨中的年轻人普遍选择外出打工，导致老人无人赡养、孩童无人看管，是村子里许多悲剧发生的重要原因。想办法、找路子，让当地的百姓脱贫、富起来才能够真正实现村民道德素质与思想境界的提高，真正解决寨碧村村民生活中的种种矛盾与纠纷。

刚开始，王清华频繁地去沿海地区进行招商引资。他在村中

⊙ 2021年12月20日，王清华（左一）和农户种植马铃薯时留影

⊙ 2023年，王清华（中）查看收获的食用菌时留影

创办产业，号召当地百姓自主创业，通过流转土地创造集体收入。王清华不仅每日在广播中宣传扶持政策，鼓励农民工返乡创业，还帮助他们制订切实可行的产业计划，发挥村委会的力量。王清华积极地为前来投资和考察的外地商户们出谋划策，并为他们提供技术支持和手续上的帮助。

创办产业也要用钱。寨碧村没有钱，村民没有钱，集体也没有钱，那就只能利用现有的资源吸引投资。无论是创业还是引资，都需要一个好的经营环境。于是，王清华下定决心要创办产业园。

寨碧村有什么？

有绿水青山。绿水青山就是金山银山。黔东南的土地稀少，一顷土地万两金。土地可以长出粮食，长出水果蔬菜，还可以长出药材。

云贵高原，山地密集，森林连片，草木丰茂。贵州有几家我国著名的药厂，这说明贵州的山地气候与土壤适合中草药生长。王清华带着当地的山土去做检验，咨询邻村靠中药材致富的村民，再经过几季的种植试验，筛选出了最适应寨碧村土地的，生长周期较短、药效优良、利润最高的太子参进行种植。

以前，寨碧村农业生产的效率低，很大一部分原因就是土地归个人所有。每家每户只有一小块儿土地，只能靠自己家里的几个人耕种。土地有限，种粮食不够吃，种别的还卖不出去。现在寨碧村通过土地流转，实现了村里土地统一管理，大规模作业成为可能。太子参、百香果、西瓜等都可以成片种植，进行大宗采摘和统一收购。集体流转土地保障了产量，还可以实现与药企的长期合作，签订大规模收购的稳定订单。这样一来，当地的村民既可以靠出租土地获得稳定的收入，又没有"卖不出去"的后顾之忧。此外，承包商还通过雇佣村民种植的方式，实现村民再就业，让他们多一份收入。

村寨和谐，村民才得以安居；村民富庶，村寨才能和谐幸福。王清华与寨碧村村委会领导班子明确要发展好经济的目标，依托旧州镇的地理优势，引导返乡的农民工创业，还成立了许多工厂。

现在，在村"两委"的共同努力下，寨碧村已经成功引进了许多小微企业入驻园区。这些企业有木器工艺品加工销售中心、家具销售城、农产品生产加工车间等。

2007年，寨碧村成立渔业养殖协会，统筹管理村寨的渔业养殖大户，并选举王清华为协会会长，制定协会规章制度。

2009年，黄平县畜牧兽医局渔业推广站到寨碧村进行调研和考察，将该村高坡牛一、二、三组定为连片200亩以上的稻田鱼苗生产示范基地，总示范面积306亩，总示范户120户。

2010年，黄平县旧州镇寨碧村鱼苗生产基地被列为贵州省第五批农业部（现为农业农村部）水产健康养殖示范场地。

⊙ 2012年5月，王清华在返乡农民工创业园区的留影

2011年，新平木器工艺品加工销售中心成立。企业负责人王忠富投资120万元，修建厂房500平方米，产品展示销售房200平方米，主要销售产品为木质仿古雕花家具。

2011年，王朝家具厂入驻寨碧村。企业负责人王廷辉投资60余万元，修建厂房800余平方米。家具厂主要进行家具设计、采购、组装等工作，以当地山林的树木为原材料，还解决了20多人的就业问题。

2012年，绍峰家具销售中心在寨碧村成立，企业负责人为李绍峰。截至2024年，企业完成投资150万元，销售中心展厅800余平方米，销售各种日常实木家具用品。

2016年，寨碧村农产品加工厂建立，企业负责人为王仁勇。截至2024年，完成投资200余万元，修建办公场所、生产车间、原料储备车间、成品车间超1200平方米。年加工精米超5000吨，产品在黔东南各大市场均有销售，年销售额近1000万元。

把"蛋糕"做大，把产业做强，让寨碧村的村民都从中获利，是王清华的目标。现在这个目标已经实现，"蛋糕"正以分红和工资两种方式进入寨碧村千家万户的口袋里。这些企业生产的家具与农产品在当地非常受欢迎。这些企业的入驻不仅增加了村里的集体收入，还解决了百余人在当地的就业问题。入驻企业第一年向村委会上交3000元管理费，之后从第二年起，管理费按照每年10%的涨幅上交，流转的土地费用按照每年每亩1500元收取。产业园区的落地，在第一年就使寨碧村增加了8万元的集体收入，并且逐年递增。这些收入不仅用于村寨的日常基础设施维护，还将以福利的方式分到孤寡老人和贫困户的手里。

除此之外，身为村支书的王清华还意识到，村民的口袋鼓起来了，精神境界也要跟上。思想和物质水准都不能落后，要保持干劲儿，铆足干劲儿，不忘初心。于是，他一手抓经济，一手抓党建，两手都不放松。王清华制订了一系列崭新的党建工作方案，优化领导班子，纯洁先进力量。通过对财务管理制度进行优化，王清华规范了财务纪律，规定村里的每项大笔支出都需要经过民主评议，这使得寨碧村的所有支出都公开、透明。在此基础上，王清华提出"强基稳村谋跨越，构建和谐大寨碧"的口号，制订了寨碧村的长期发展规划蓝图和短期发展小目标。

走得再远，也不要忘了当初为什么出发。居安思危，方得长久。在党建方面，王清华提出用"法治、奉献、带富、致富、创新、学习、廉洁、道德"来规范党员行为，引导党员进步。在此基础上，王清华还通过定时召开民主评议会与党员生活会，让领导干部做自我检视，时刻警惕脱离群众、贪腐不作为的情况发生。在王清华与领导班子的共同努力下，寨碧村在党建上取得了许多成绩，一年一个新气象！现在的寨碧村已有正式党员78人，且每年都有新发展的党员。在党建方面，寨碧村也收获了许多崭新的荣誉：

2006年，寨碧村党支部被评为"全国先进基层党组织"。

2007年，寨碧村被评为"全国民主法治示范村"与"全国美德在农家示范村"。

2008年，寨碧村被评为贵州省以及黔东南州五好基层党组织。

初春3月，与油菜花节一同举办的是水田的灌水仪式。田地里山雀啾啾、燕子呢喃，苗族的婆婆与妇女在卖凉虾、凉粉和米豆腐，偶尔有放学的少年赶着黄牛去河坝上吃草。太子参种植基地碧绿成片，百亩西瓜园、百香果园风景正好，几乎家家户户都住上了别墅一样的二层小楼。如今，寨碧村里年轻的夫妻再也不需要离开父母儿女，远走他乡讨生活了，人人都可以在家门口找到工作，人人都可以在家乡创业。产业园区不仅为村里的老百姓提供了就业保障，也让他们能留下来陪伴家人。

心怀高远，但不好高骛远；脚踏实地，还要落地铿锵。王清华一步一个脚印地带领村民向前摸索着，把寨碧村从一个深山中的贫困村寨，变成了绿水青山的世外桃源。寨碧村的这一切，不是凭空出现的，不是可以等来、盼来的，而是王清华带领村民们一步步、一年年干出来和闯出来的。曾经贫穷、落后的寨碧村正在以跬步千里之姿，走出新时代的村庄风范！

⊙ 寨碧村如今的太子参种植园区

⊙ 2024年，王清华（中）等在寨碧村党群服务中心前的留影

 第六章　花甲仍为筑梦人

扫码解锁

◎群英颂歌◎致富为民
◎振兴乡村◎奋斗底色

载誉而行任愈重

"人的一生是非常短暂的，把两头除掉之后，真正的黄金时期就那么几年，所以应当格外珍惜。"

"我没读过书，不会讲什么大道理。但是在为人民做事这方面，我最信任中国共产党。"

在提及自己过往岁月取得的成绩时，已经六十多岁的王清华表现得非常谦虚，他认为自己不过是做了一名村支书该做的事，甚至还做得不够多、不够好。荣誉证书与奖杯在王清华家里的阁楼上积灰已久。他不在乎出名，也不为如今的成绩自满，他只是感到岁月仓促，时光飞逝。数十载光阴，弹指一挥间，自己已经是六十几岁的年纪。他想要为寨碧村做更多的事情，心中还有更宏伟的蓝图，却怕心有余而力不足。好在王清华身体健康、精神矍铄，斗志不减当年。如今，王清华仍守护着寨碧村。

过去，因为缺乏资金，也因为"要把钱花在刀刃上"，寨碧村的村委会办公楼历经多年，分三次动工才全部修建完成。直到2006年，寨碧村村委会才终于有了固定的办公地点。经春花秋月，共秋霜冬雪，王清华一点点地给这个"根据地"添砖加瓦，改换新颜。

⊙ 寨碧村村委会办公场所

⊙ 寨碧村村委会远处视角

⊙ 寨碧村村委会广场石碑

2020年，王清华又新修建了村委会门前的广场。一座雕刻着"清馨"大字的石碑立在广场正中央。王清华说，这代表着党员的正气与清白。

2015年，为顺应时代要求，贯彻创新、协调、绿色、开放、共享的新发展理念，王清华着手改变村子的面貌。创新、绿色发展的第一步，就是不能破坏环境，要打造宜居的现代村寨，提高村民生活幸福指数。在村"两委"的商议下，村委会确定了修建和顺长廊的施工方案。计划修建的这座长廊，不仅可以遮盖原本不美观的排水沟，还具有很强的实用价值。村民们可以在这里举办唱山歌、拉二胡等文体活动，也可以在这里晾晒蔬菜米粉、散步、聊天，每逢婚丧嫁娶也可以在这里举办长桌宴等盛会。

为此王清华跑到省司法厅、省建设厅、州司法局、州住建局等地，分别申请到了一定的赞助款。如今寨碧村的集体经济发展起来了，村民的觉悟也逐渐提高了，资金和人员的问题比较好解决。但和顺长廊上书画的具体内容是什么？王清华思考了很久。

经过思考与讨论，王清华决定亲自进行标语的撰写工作。和顺长廊的内容不能只是简单的宣传海报，更不能是敷衍的字句，而应该是生动活泼、有趣味、有价值的寨碧精神的体现。这上面要涉及村规民约、乡里村俗等与当地老百姓生活息息相关的"精神财富"。在这500米的和顺长廊上，要将寨碧精神体现出来，将寨碧村的过往画出来，将寨碧村的未来绘出来。

这不仅是一条融汇了苗家建筑特色的长廊，更是连接党与人民，承载着文化与经济的"桥梁"。

春天，老百姓在长廊中晾晒自己做的米粉；夏天，老人摇着蒲扇坐在长廊中纳凉，望着田野里一片旖旎风光。偶尔有人赶着歇伏的水牛经过，也要进来坐一坐，与人聊上几句。孩子们在不远处的公园里玩耍，或者在村委会的图书馆里读书。每逢新年，苗家的儿女们穿着盛装，吹起芦笙，在这里举办长桌宴，载歌载舞，欢庆佳节。在王清华与村委班子的不懈努力下，寨碧村人已经过上了梦寐以求的生活。

至此，王清华向村民许下的承诺已兑现。从三十岁据理力争保留村中唯一通往外界的连心路，到六十多岁依然坚守在村支书这一岗位上，对于王清华及其家人来说，这三十余载既缓慢又匆忙。缓慢在于此路道阻且长，他兢兢业业，也殚精竭虑，为了寨碧村的康庄大道度过了许多不为人知的艰苦岁月。

寨碧村通往城市，甚至世界的路再也不会闭塞，这座大山里的村民，前路终会越走越宽、越走越通畅。但是也同样需要人引领，需要有人掌舵并为之保驾护航。

2019年，一封信件邮寄到王清华的家中。王清华一家被评选为全国"最美家庭"。这是一份实至名归的荣誉，也是一份对这么多年默默付出的村干部家属的肯定。如今，与王清华携手一生的妻子杜正莲还坚持留在寨碧村。她用自己的一生陪伴他、守护他、扶持他，也支撑他带领寨碧村走向更美好的未来。

近几年，寨碧村先后被授予"全国先进基层党组织""全国民

⊙ 寨碧村和顺长廊

⊙ 2019年，王清华在全国最美家庭颁奖现场的留影

⊙ 2019年，在获得"最美家庭"荣誉后，王清华与妻子杜正莲的合影

主法治示范村""全国模范人民调解委员会""全国文明村镇""全国美德在农家示范村"等多项荣誉。

"我们现在通车的这个地方共有三座桥。第一座是水中桥，第二座是2002年修的扶贫桥，第三座叫惠民大桥。"

"这里原来只能通小车，不能通大车。过去没有桥，村民出行需要从上游隔一千米的地方绕过来。"

王清华在说起这些话的时候，掩饰不住脸上自豪和骄傲的神色。现在他的孩子们已经在大城市定居，想要接他与妻子过去安享晚年。但他觉得外面的城市里找不到如这条沥青路那样让他感到心安与踏实的地方！

今时今日的寨碧村，已经实现了从道路阻塞到四通八达，从人口流失到纷纷返乡创业的变化。村里木质房屋上张贴的大红对联、家家户户门口悬挂的家风牌匾、百米和顺长廊的壁画，都在讲述着寨碧精神。山林间的百亩太子参种植地、百香果园、油菜花田等无不让人深深感动，深受震撼。

星光不负赶路人，江河眷顾奋楫者。王清华多年兢兢业业的工作得到了组织上的认可，获得了老百姓的肯定。在带领寨碧村脱贫致富的过程中，王清华也收获了许多珍贵记忆与感动瞬间。从黔东南州的先进个人，到贵州省优秀共产党员再到全国劳模，王清华始终以农民儿子的身份看待自己，也始终用共产党员的标准要求自己，不沽名钓誉，不务空名。他脚踏实地，步履黔东南，用脚步丈量着家乡的大山，也从青年走到了暮年。

乐守村寨为己任

起起伏伏，颠簸辗转，王清华的大半生已经过去，他终是将自己毫无保留地奉献给了寨碧村。

如今，已经六十多岁的王清华早已到了退休年龄。他曾多次向组织提出辞职申请，但是都没有得到批准。没有人能够代替现在的王清华，当年的王清华也不行。

经历了这些年的风风雨雨，王清华始终坚忍、包容和乐观。六十多岁的王清华，身体还硬朗，经验也比三十几岁时更加丰富。

"人要那么多钱干什么？还不是吃三餐，睡三尺地。"

这是王清华常常念叨的一句话，他也用这句话教育自己的孩子和外孙。

从三十多年前的热血青年，到深受重托的调解委员，再到如今花甲之年的掌舵人。走在村路上，村里的老人、小孩儿纷纷向王清华打招呼。享受到王清华致富成果的这些村民，真正理解了这个当家人曾一心想做的事。

"如果重来一次，您还会在每件事上都做同样的决定吗？"

"过去的事说不好。人活一世，一个时期有一个时期的想法。

我不会去想如果换别人来当这个村支书，寨碧村会怎么样。不管怎样，现在的我都已经尽力了。"

是的，历史不会重演，历史也无法改变。历史它就在那里，不迁不移，只增不减。王清华选择了寨碧村，选择了深山。如今的寨碧村也以最美的风貌印证了王清华的每一个选择都是正确的。

许多年岁大的村民讲，过去的寨碧村是典型的"四不下"：野菜杂粮吃不下、破烂衣衫穿不下、露天草房住不下、泥泞水凼走不下。而如今寨碧村通过土地流转，在保障粮食安全的情况下，大规模种植中草药材，提升了村民的收入。同时，大力发展集体经济，建设产业园区，增加村民额外收入。又通过统筹资金，进行危房改造、引水修渠、修桥修路，提升村民生活质量。从个人到集体，从衣食到住行，王清华事无巨细，事必躬亲，辛苦遭逢三十余载，不曾辜负乡亲们。

"为官避事平生耻"，王清华虽然只是一名村干部，却始终将全体村民的生计放在心里、挂在心上。带领村民脱贫摘帽、发家致富是他回归村委的初衷，也是他作为村支书的责任与使命。

在一次于浙江举行的学习活动中，王清华作为在场年龄最大的村支书参与学习。他两鬓的头发已经花白，眉宇间的沟壑舒展着，拿出笔记本和钢笔，一字一句地记录下那些先进的管理方法与经验。现在，因为自己对村民的承诺一个个兑现，王清华已经彻底取得了寨碧村村民的信任。面对村中出现的纠纷和矛盾，王清华在原来村委会参与调解的基础上，创立了四级调解模式，和"六早一回

⊙ 王清华在谷陇镇大高山映山红景区留影

头"乡村治理机制，可以更好地解决邻里间的矛盾和纠纷。他不再需要将大把的精力花费在做村民思想工作上，也腾出来了更多的时间谋划寨碧村的未来。

⊙ 寨碧村村口（2024年）

⊙ 寨碧村一景

结束语

初访黔东南，初到旧州，笔者简直为这里的美景所震惊。在全球都深受雾霾、污染等困扰的大环境下，黔东南州黄平县的天是那样干净、明朗、清澈。从进入凯里开始，天空便像河水一样，仿佛在流动，是鲜活的、有生命力的蓝。在这浩瀚的蓝色中央，是仿佛一伸手就可以碰到的，像棉花糖一样柔软的白云。

舞阳湖的水蓝得发绿，在花树的掩映中，寨碧村仿佛是世外桃源。村子里的农民扛着锄头下地，眉眼间舒展着，与人热络地交谈。到了周末或节假日，孩子们会去学校的操场上打球，或者在田野里挖春笋、捉蚯蚓。苗族婆婆们身穿蓝色的斜襟褂子，盘着高高的发髻，头上还插着鲜花。

几十年前，各种重工业、化工厂纷纷建立起来，给城市带来了几乎不可治愈的顽疾。而贵州的黔东南地区，也许因为山路弯转难走，也许因为这里无工矿、石油可供开采，所以这些大山依然保持着自己本身的样貌。冥冥之中，有失亦有得。数十年的清贫岁月也在保护着这块钟灵毓秀的土地。寨碧村像是一个世外桃源，留有自己的脾性、步调和品格。

在寨碧村的迅速发展中，村民实现了从"出不去，进不来"到"走出去，回不来"再到"出得去，也回得来"的跨越。脱贫不仅要解决村民们物质上的贫困，更要解决村民们思想上的贫困，彻底除去大山中人们的"穷根"，实现精神上的脱贫、思想上的脱贫，让村民世世代代永远脱贫。

王清华至今仍在努力建设寨碧村。他引领建设"书院式"的学校，在各地广泛招收学生，引进高水平的师资人才，让孩子们考出理想的成绩，到大山外去学习、去深造，然后回来造福家乡；发展旅游经济，设计观光车旅游线路，在山上种植稀有树木，发展自助采摘园区，提高太子参、百香果园的收入。心中有蓝图，不怕行路难，这些关于寨碧村的建设理想大多已经实现。

"我们这穷山沟里没有宝贝，能留给孩子们的，只有这绿水青山。"在带领寨碧村致富的路上，王清华始终没有忘记自己的初衷。农作物生产不能脱离土地，搞建设提升经济不能脱离群众。把环境搞坏了，有再多的钱也无法弥补。所以在这些年带领寨碧村村民发展产业的过程中，王清华始终牢记不能破坏土地，农民的根在土地。王清华坚持不出租土地给那些不爱惜农田的商家，所有流转的农业用地必须用于农作物种植。在进行鸡鸭鹅鱼等家禽或水产养殖时，注意保护当地的生态系统，坚决不做任何有损环境的事情。

身一日为政，心一意为民，不令一日空度。这些年王清华鞠躬尽瘁、兢兢业业，始终是在其位，思其政，谋其职。如今，王清华计划采用网络直播的方式，拓宽寨碧村农产品的销路，把寨碧村生产的农作物卖到更远的城市去。在这基础上，他心底还有更远大的理想——让中国认识寨碧村，让世界认识寨碧村，让全球各地的游客都看看这个山清水秀，又不曾脱离现代化轨迹的村寨。

"有人说我是做梦。"提到对未来的期待，王清华憨憨地笑了，接着说，"当年带着寨碧村脱贫时，也有人说我是做梦。可是这个梦它实现了啊。中国梦嘛！要敢做！等我的身体不行了，干不动了，自然会有人来接替我完成它！"

谈起寨碧村的未来，王清华感到既兴奋又惆怅，他像个孩子一样抬手比画着心中的蓝图。从涨红的脸庞上可以看出他激动的心情。但是毕竟岁月不饶人，王清华已经快七十岁了。将近古稀之年，多数人的愿望是含饴弄孙、颐养天年，而王清华还在起早贪黑，兢兢业业地守护寨碧村。从羊肠小路到康庄大道，他带着寨碧村的百姓一路不停歇地向前奔着。

通路、通水、通电后的寨碧村，与当年已不可同日而语，但是王清华的志向还远不止于此。这些年来的风风雨雨，辛酸与惆怅、欢喜与满足，都因一栋栋崛起的小楼、一座座搭起的桥梁与一份份荣誉而告一段落。陷入过去易自满，放眼未来才有万种可能。寨碧村不能背弃祖辈耕耘的土地，也不能抽身市场经济的潮流。作为一个苗家村寨，在传统农耕文明衰落与现代化急速发展的时代进程中，寨碧村该何去何从，它的未来会指向哪里？这是近几年王清华一直在思考的问题。

为顺应时代发展的潮流，王清华正在带领村里有文化的青年搞

"村播"活动。寨碧村村委统一组织、培养了一批愿意扎根农村的年轻人学习电脑操作和网络知识，在村委大楼里单独开辟出一间直播室做直播卖货。通过网络这一平台，村民可以面向全国各地的观众介绍农家手工生产的米豆腐、米粉等农副产品。王清华还让苗族的老人在屏幕前讲述寨碧村发展的红色历史与革命文化，介绍这里独特的地理环境与特色产品。

实现直播带货的下一步是做乡村旅游经济开发区。这是2023年之后，王清华工作的重心所在。精神文明建设的成果是一定有机会转化为生产力的，这一点毋庸置疑。路有时候会越走越宽，有时候会越走越窄，但是无论宽窄，只要是通往前方的道路，就永远充满无限的可能。

这是党领导人民共同努力奋斗的成果。人民群众的安居乐业是中国共产党党员持续奋斗的不竭动力。结合这些年脱贫攻坚的经历和感受，王清华同村委会的同志们一同确定了寨碧村的"四千精神"：

踏遍千山万水找路子，
历尽千辛万苦排苦难，
耗尽千言万语做动员，
想尽千方百计谋发展。

如今，这36个大字就贴在村口的宣传栏上，醒目而耀眼，来往的车辆与行人远远地就可以看到。这是寨碧村从过去的贫困落后走到今天脱贫富足的最佳诠释。

山脚下的人永远摩拳擦掌，山顶上的人都在筹划着下一次征途的方向。人类的力量在于永不服输、永不停歇地向前。王清华自青年时代起，就带领寨碧村的村民们共同攀越了无数座高峰、险峰。如今虽将近古稀，他依然保持着青春的活力与干劲儿，不惧怕春雷惊响、雨雪覆地，坦荡如赤子，远志在千里。我坚信，寨碧村的未来定将更加辉煌灿烂，这光芒不仅会照亮前方，也终会照亮每一面红旗所飘扬的土地！

王清华的传记到这里就告一段落了，但有关寨碧村的故事还远远没有结束。在云贵高原之上的黔东南州黄平县旧州镇寨碧村，每一年、每一天，甚至每时、每刻都在发生着新的变化，也随时准备着开启新的传奇。

王清华是党的儿子，也是和谐乡村的筑梦人。他数十年如一日地默默扎根于深山之中，以最朴实的品格和木讷的言语，用行动改变着这片养育了他及家人的土地。

信念如磐，驰而不息。王清华是敢想、敢做、敢干的梦想家，是永不停歇的实干家，是中国共产党的基层干部，也是兢兢业业的黔东南农民之子。在云贵高原的土地上，他将三十余载岁月献给寨碧村。笃行致远，踔厉奋发，他倾半生守候乡土，带领乡邻前行，纵使荆棘载途，仍然不改初心。

因为遇见，便知留守值得；因为职责，倾半生定不负嘱托；因为信仰，不畏荆棘途上纷纭言说。徘徊于时代的十字路口，寨碧村于中国，是脱贫攻坚的日新月异，是奋斗"摘帽"的斗转星移；寨碧村于王清华，是三十余年来不肯轻言放弃的坚定承诺，是数十载守得云开见月明的老骥执着。光阴漫卷中，青山芦笙响。寨碧村既承载了王清华"岂因祸福避趋之"的坚韧不拔，也是新时代中国"而今迈步从头越"的精彩华章！

扫码解锁

◎群英颂歌◎致富为民
◎振兴乡村◎奋斗底色